¿Cuál es tu Misión en esta Vida?

ALFONSO LINARES FERNÁNDEZ

¿Cuál es tu Misión en esta Vida?

CLAVES PARA DESCUBRIR
POR QUÉ ESTAS AQUÍ Y
CÓMO CUMPLIR TU MISIÓN.

¿Cuál es tu Misión en esta Vida?

Autor: ALFONSO LINARES FERNÁNDEZ

ISBN 978-0-6151-7918-6

Primera Edición.

Este libro puede ser adquirido por Internet a través de la
siguiente dirección Web:
http://www.lulu.com/content/1290788

Los libros de Lulu Enterprises están disponibles a precios
promociónales para ser usados con propósitos educativos en
Escuelas, Institutos y Universidades. Para mayor información
contactar un representante de ventas en:

www.lulu.com
Lulu Enterprises, Inc.
860 Aviation Parkway,
Suite 300. Morrisville,
NC 27560. U.S.A.

Impreso en los Estados Unidos de América.

Dedico este libro, especialmente, a la memoria de mi hermana: María Isabel Linares Fernández.

A mi fallecido padre: Simón Alfonso Linares Aguiar, por haberme dado la vida, cariño, cuidados, y, especialmente, porque con su existencia me dio el mejor ejemplo de dignidad, honradez y bondad que padre y hombre de familia puede dar.

A mi adorada madre: Betty Judith Fernández de Linares, por haberme criado con todo el amor y cariño posibles que una madre puede dar. También por ser una ejemplar madre, esposa, hija, nuera, hermana, tía y amiga. Su devoción a todos sus seres queridos es algo que siempre me llenará de orgullo y admiración, así como su espíritu luchador, a pesar de las adversidades.

A mis queridos hermanos: Pedro Ramón y Beatriz Elena, profesionales apasionados en sus misiones. Los años más felices de mi infancia los compartí con ellos.

Finalmente, una especial dedicatoria a toda mi familia: abuelas, tíos y primos por haberme permitido compartir junto a ellos toda una vida llena de alegres momentos familiares.

Siempre los tendré presentes a todos en mi corazón.

Contenido

Introducción

Todos tenemos una Misión en esta vida, un propósito, una razón para existir.

Dentro del Universo, existe un Plan Mayor, el cual no deja nada al azar. La venida de cada ser humano a este mundo es un evento cuidadosamente planificado y, dentro del cual, se busca que la llegada de dicha persona encaje lo más perfectamente posible en el mundo actual y sus necesidades.

El objetivo de este libro es ayudarlo a descubrir:

-Si realmente está, en los actuales momentos, cumpliendo con su MISIÓN.

-Y si no lo está, ayudarlo a descubrir cuál es probablemente su MISIÓN en esta vida, a través de claves que le permitirán descubrir en su interior la respuesta.

El solo hecho de que usted esté leyendo este libro ya es un indicio de que en su interior usted se haya planteado las siguientes preguntas:

"¿Cuál es mi Misión en esta vida?".

"¿Estaré cumpliendo mi Misión en esta vida?".

"¿Estaré aprovechando al máximo mis habilidades, mi potencial como persona?".

"¿Pudiera estar haciendo algo mejor de lo que hago ahora?".

"¿Por qué, si trabajo tanto, me siento vacío, sin dirección, sin propósito".

"¿Hacia dónde voy con mi vida?".

Aunque pueda ser difícil de creer en un primer momento, todas estas preguntas están relacionadas entre sí. Un gran porcentaje de personas en este mundo sobrellevan el día a día de su vida con un sentimiento de vacío, y pudiera afirmar con certeza que dichas personas no están encaminadas a cumplir su MISIÓN en esta vida.

Pero, ¿qué es la MISIÓN?, ¿cómo se puede definir la MISIÓN de cada uno en esta vida?

Previo a tratar de determinar cuál es la MISIÓN particular de cada uno, necesitamos tener una DEFINICIÓN que nos permita compararla con lo que nosotros podamos pensar es nuestra MISIÓN en este mundo.

Ese será el primer paso en este recorrido de DESCUBRIMIENTO que iniciamos, y que espero al final del libro, le haya podido ayudar a establecer su verdadera MISIÓN en esta vida y cómo cumplirla.

1

¿Qué es la Misión?

Antes de intentar dar una definición de la MISIÓN que uno tiene en esta vida, me gustaría compartir primero algunos detalles personales que, de alguna manera, influyeron en muchos de los descubrimientos que hicieron posible la escritura de este libro. Pienso que esto dará una mejor perspectiva al lector de porque una persona, en este caso yo, se plantea determinadas preguntas y, afortunadamente, logra encontrar respuestas.

El 01 de Septiembre de 2005 mi hermana María Isabel Linares Fernández falleció debido a un Cáncer que la atacó durante más de tres años.

Debo admitir que en aquel momento no estaba preparado para ello. Nunca, durante su enfermedad, permití que en mi mente se considerara la posibilidad de que ella iba a fallecer.

Ella, era apenas un año menor que yo: 35 años para el momento de su deceso, y siempre, en mi interior, había querido pensar que ella se iba a curar y seguiría con nosotros. Creo que es lo que los médicos llaman "negación", ante la posibilidad de la pérdida de un ser querido. Obviamente, uno no estará nunca preparado para la pérdida de un familiar en la plenitud de su vida.

Lo cierto es que ese momento llegó: el momento de enfrentar su agonía durante tres días y su posterior entierro: con seguridad los tres días más infelices y tristes de mi vida.

Pienso que cuando un ser querido fallece, y más aún de una manera tan traumática, una parte de nosotros también muere con esa persona. Tal vez aquella parte que no creía en la muerte, aquella parte que pensaba que la vida era para siempre, y que no está consciente de que estamos de paso en este mundo.

Sin embargo, la buena noticia es que la parte de nosotros que sobrevive queda con más ganas de vivir, con más ganas de ser útil, con un deseo mayor de aprovechar cada instante de esta vida.

A partir de dicho suceso, pienso que se despertó en mí una mayor espiritualidad. La religión es un gran refugio ante una pérdida tan grande. Siempre me había considerado una persona religiosa, mas no espiritual, lo cual es una gran contradicción. Creo que la religión es un modo de ejercitar la espiritualidad al igual que cualquier otro método utilizado, como la meditación, la introspección, etc.

Comencé a cuestionar todo a mi alrededor, a pensar en lo que había sido de mi vida hasta ahora y, si incluso, había sido el mejor hermano posible con ella. La vida se le había ido repentinamente, y yo no podía más que pensar en si había aprovechado bien cada oportunidad que había tenido de compartir con ella. En aquel momento, visualizaba la historia de mi vida con ella en un libro, un libro donde cada página era un día que hubiéramos podido compartir, un libro que, para mi pesar, tenía muchas páginas en blanco.

De este análisis, pasé a analizar mi vida y qué había sido de ella hasta ahora: ¿me sentía realizado?, ¿estaba bien encaminado en mis objetivos de vida?, ¿en qué punto de mi vida estaba en ese momento?

Recuerdo como, aproximadamente un mes y medio después de su fallecimiento, desperté un día con una sensación de estancamiento. Soy Ingeniero Mecánico, y tengo una pequeña empresa de ventas por Internet, la cual funciona bien, pero sin darme todas las satisfacciones que yo quisiera. Me preguntaba si realmente la vida era sólo pasar los días, uno tras otro, hasta que un día la muerte te sorprende y te lleva consigo: sin haber hecho nada provechoso en esta vida, nada que marcara huella, nada que hubiera podido contribuir a un mundo mejor.

Ese día, 18 de Octubre de 2005, sentí un impulso que me hizo sentarme frente a la computadora a escribir, y escribí lo siguiente:

"Reflexiono sobre por qué tengo la sensación de que estoy en una situación donde no estoy aprovechando mi potencial al máximo, de por qué mi vida no está completa, de por qué estoy en una bifurcación o sendero que no era el que debía seguir, llevándome a un punto muerto, a una calle sin salidas, sin continuación, viviendo tal vez a una mínima parte de lo que yo quería lograr. A veces siento que estoy desubicado, que no estoy en el lugar en que debería estar, haciendo lo que debería hacer, sin una ocupación que me apasione.

Me doy cuenta de que no he logrado el objetivo que más he querido en mi vida, y mientras no lo logre seré tremendamente infeliz."

No me había dado cuenta, pero ese pensamiento, esa reflexión, constituiría la base de este despertar espiritual, este cuestionamiento existencial que comenzó aquel día y continuó hasta la consecución de este libro.

Fue cuando empecé a preguntarme si acaso estaba yo cumpliendo mi MISIÓN en este mundo, si es que había algo a lo que se le pudiera considerar como la MISIÓN de todos los seres humanos en esta vida, y si lo había: ¿cuál era mi MISIÓN en este mundo?

Por mi formación católica había oído más de una vez que:

Todos tenemos una MISIÓN en este mundo.

Es bastante lógico, nuestra recompensa a largo plazo es la vida eterna, pero mientras estemos en este mundo debemos realizar algo provechoso. No creía que el Plan de Dios para todos nosotros era sólo vivir en este mundo sin ningún propósito específico.

Durante los siguientes meses, bombardeé mi psique con la misma pregunta, a veces a intervalos, y dependiendo de mi día a día. Cada vez que oraba también aprovechaba mis contactos con Dios. Debo mencionar que, a raíz de nuestra pérdida familiar, decidí refugiarme en la oración, algo que nunca había hecho con tanta frecuencia, y me ayudó sobremanera. Puedo afirmar, con certeza también, que muchas de las revelaciones que me llegaron, por llamarlas de alguna manera, fueron durante o después de largos periodos de oración. Como dije antes, soy católico, pero pienso que esta práctica para hallar iluminación es compatible con cualquier religión del mundo, e incluso, para aquel que no tiene religión: el sólo dirigir sus palabras a Dios tiene una gran fuerza y siempre hallará respuesta.

Aproximadamente siete meses después de haber iniciado mi andadura en esta búsqueda, ya estaba impaciente ante la falta de respuesta. Recuerdo que era un día sábado, y decidí ese día intentar, además de la oración, la meditación, ya que como dicen: en la oración uno habla con Dios pero en la meditación es Dios quien le habla a uno.

Decidí relajarme, plantear mi pregunta durante los últimos siete meses, y esperar a ver si había una respuesta. Una vez más pensaba en la pregunta: "¿cuál es mi MISIÓN en esta vida?", para después relajarme, cerrar los ojos, y dejar mi mente en blanco. En este punto, debo admitir que esperaba, o tal vez deseaba, una respuesta como:

"Tu MISIÓN en este mundo es ser el mejor actor de carácter que ha existido".

O

"Tu MISIÓN en este mundo es inventar un vehículo propulsado magnéticamente que revolucione al mundo"

O

"Tu MISIÓN en este mundo es ser el salvador de los niños pobres de África".

Pero no.

Nada de eso vino a mi mente.

Lo que sí vino fue una definición, la cual se constituiría en una DEFINICIÓN PRELIMINAR, útil para ayudarme a intuir en qué dirección debía dirigirme al momento de descubrir cuál era mi MISIÓN en este mundo.

Y es la que expongo a continuación en la siguiente página.

DEFINICIÓN PRELIMINAR:

"La Misión en la vida de todo Ser Humano es aquella en la que, de acuerdo a sus dones, talentos o virtudes, puede HACER EL MAYOR BIEN POSIBLE a los demás."

2

¿Cuáles son mis Dones?

Estoy seguro de que, al igual que como yo me sentí en aquel momento, en este instante usted se estará preguntando: ¿qué rayos hago con una definición?

En el momento que dicha DEFINICIÓN, que llamaré preliminar porque todavía está incompleta, llegó a mi mente, pensé que era bastante lógica, bastante acorde con los deseos de Dios para todos los que estamos en este mundo, bastante coherente con su Plan para nosotros en esta vida, sin embargo, no me daba todavía ninguna indicación de qué era lo que se suponía yo debía hacer en este mundo.

Intuí que, como toda revelación que uno aspire recibir de Dios, uno debe poner un poco de trabajo de su parte y hacer su "tarea", como normalmente se dice. Me dediqué a analizar la definición parte por parte, y así buscar una mejor comprensión de su significado.

Primero que nada: ES AQUELLA ACTIVIDAD O ACTIVIDADES en la que utilizo mis DONES O VIRTUDES.

La primera parte es fácil: se entiende como ACTIVIDAD o ACTIVIDADES cualquier trabajo, labor, oficio u actividad productiva, que requiera de su esfuerzo personal para la generación de un beneficio a otras personas.

Este beneficio puede ser: un producto, un servicio, o un beneficio intangible, como una emoción, (Ej.: alegría), entretenimiento, educación, etc.

Muy bien, pero: ¿qué son los dones o virtudes?

Creo que es abundante la literatura, y sino el propio sentido común, el que nos indica que **toda persona tiene dones o virtudes diferentes**. No existen dos personas con las mismas habilidades, cualidades o virtudes.

Estamos en un mundo cuyo desarrollo ha llevado a la diversificación y especialización del trabajo en diferentes áreas, por lo tanto, es lógico pensar también que cada persona en cada una de esas diferentes áreas de especialización necesita habilidades o cualidades particulares para cumplir con sus áreas en específico.

La diversidad de habilidades o cualidades son ilimitadas, así como la combinación de dichas habilidades.

Por citar algunos ejemplos: existen personas con facilidad para los números, otras para la escritura, otras para la comunicación personal, otras para la creación artística.

Cada persona que viene a este mundo es una única y singular combinación de habilidades y dones que vienen innatos en ella. Es algo genético, casi programado desde el día de su nacimiento.

Si usted analiza esta premisa de la DEFINICIÓN, esto tiene bastante sentido. ¿Por qué Dios nos enviaría a este mundo sin las herramientas necesarias para cumplir nuestra Misión?

Por ejemplo: en el caso de una persona cuya MISIÓN está vinculada con el PERIODISMO, y debe cumplir funciones relacionadas con dicha área: ¿no le será más fácil cumplirla si de nacimiento posee habilidades para analizar noticias, una sana curiosidad, un espíritu detectivesco y un gran deseo por comunicar eventos a los demás?

Es bastante lógico.

O en el caso de una persona cuya MISIÓN está relacionada con la VETERINARIA: ¿no le será más cómodo ejercerla si al nacer posee una ferviente admiración hacia la biodiversidad, facilidad para el estudio de las ciencias biológicas e intuición para detectar a simple vista los males de sus pacientes?

Cada persona en este mundo tiene una combinación de habilidades ÚNICA.

Usted, que lee este libro, vino a este mundo con una serie de cualidades que lo hacen especialmente apropiado para la MISIÓN que debe cumplir en esta vida.

Obviamente, vemos que aquellas personas que logran identificar su MISIÓN desde temprano aprovechan al máximo todas sus cualidades inherentes.

Los cantantes más exitosos de este mundo son una increíble combinación de: BUENA VOZ, OIDO MUSICAL, CAPACIDAD INTERPRETATIVA y PERSONALIDAD, condiciones muy necesarias en el mundo artístico.

Los deportistas más exitosos y reconocidos son una gran combinación de CONDICIONES FÍSICAS, HABILIDAD TÉCNICA y ESPIRITU COMPETITIVO.

Los inventores más reconocidos de la Historia fueron en su momento modelos de CREATIVIDAD, INGENIO, CONSTANCIA y CAPACIDAD DE TRABAJO.

Todas las anteriores son COMBINACIONES DE HABILIDADES que hicieron que cada una de las personas en estas áreas pudiera cumplir satisfactoriamente su MISIÓN en esta vida. Pero, no sólo porque la descubrieron desde temprano, **sino porque también tenían las cualidades adecuadas para ello.**

En este momento, yo sé que usted estará pensando que conoce personas que con limitaciones, o que sin contar con grandes recursos o habilidades, triunfaron cuando no tenían como hacerlo. Sobran los ejemplos de ese tipo de historias de superación personal, pero son excepciones a la regla.

También puede estar pensando que conoce personas que han triunfado en sus carreras, a pesar de no tener las cualidades necesarias: un cantante sin buena voz, un deportista sin grandes condiciones, etc. Pero, al igual que lo anterior, son excepciones a la regla. Los seres humanos tendemos a confundir reconocimiento o fama con éxito, y muchas veces no son lo mismo. El reconocimiento o la fama en este mundo puede estar condicionado a factores que no están relacionados con las cualidades o los éxitos de las personas: como el dinero, el apellido, la belleza física, etc. El verdadero éxito se observa cuando una persona es reconocida por sus logros en su campo de trabajo, por su labor particular, o por un talento diferente al de los demás. Ese es el verdadero éxito.

En mi caso particular, decidí hacer un INVENTARIO de mis cualidades o dones. Éste es un paso en que todo aquel que quiera descubrir su verdadera VOCACIÓN y, en consecuencia, su MISIÓN, no debe ser modesto en absoluto. Todos somos buenos para algunas cosas y es nuestra primera tarea descubrir para qué somos buenos.

Por cierto, hago la separación de los términos VOCACIÓN y MISIÓN porque, a pesar de que están relacionados, deben manejarse diferente. La MISIÓN es aquello que debemos cumplir en este mundo, y la VOCACIÓN es *cómo lo haremos*: a través de qué carrera, o especialidad, le daremos cumplimiento. Si bien pueden tender a confundirse, ambas son dos cosas diferentes, y el descubrimiento de una facilita la determinación de la otra.

¿Qué habilidades o dones debe usted considerar a la hora de hacer un análisis de sus capacidades?

Bueno, pienso que las principales HABILIDADES o DONES que debe usted considerar son las siguientes:

1) Habilidades técnicas. Para este paso son bastante útiles los *tests* o exámenes de habilidades, ya sean numéricos, geométricos, literarios, etc. En Internet existe abundancia de páginas que realizan exámenes en línea sobre todas estas áreas. Más allá del diagnóstico que le puedan dar, lo que usted debe descubrir es aquellos *tests* donde destacó, ya fuera porque le fue fácil hacerlo o porque obtuvo una buena calificación porcentual. Estas habilidades incluyen, entre otras: facilidad para la lectura, habilidad numérica, buena memoria, facilidad de redacción, sentido espacial, sentido para la estética, capacidad de análisis, capacidad de observación, etc.

2) Habilidades físicas. También, puede considerar todas aquellas habilidades físicas de las que usted dispone; ya sean habilidades manuales, habilidades para algún deporte, alguna característica o rasgo físico que lo haga diferente (altura, peso, agilidad), habilidades para tocar algún instrumento, buena voz, etc. Dentro de las habilidades físicas, también podemos incluir: fuerza en las extremidades, rapidez de movimientos, destreza, rapidez de reflejos, habilidad para el baile, etc.

3) Cualidades personales. De igual modo, debe incluir sus cualidades como persona: ¿es usted una persona comunicativa o más bien introvertida? ¿Le gusta tratar con personas o prefiere un trabajo sin mucha interacción con la gente? ¿Se considera creativa o más bien práctica? ¿Le gusta trabajar al aire libre o prefiere un ambiente de oficina? ¿Se considera un líder natural o es bueno cumpliendo órdenes? Estas cualidades particulares personales influyen significativamente en una mejor identificación de las labores que usted debe realizar dentro de su VOCACIÓN, para así poder cumplir mejor su MISIÓN.

4) Cualidades invisibles para nosotros. Finalmente, debemos considerar aquellas cualidades de nosotros que a veces ignoramos, subestimamos o damos por sentadas como algo natural. En esta parte, también pudiera ser de ayuda hablar con aquellas personas que mejor nos conocen, y pudieran dar una opinión objetiva de en qué nos destacamos. A veces a nosotros mismos nos cuesta ver para qué somos buenos: cuáles son nuestras mejores habilidades, en qué destacamos, o por qué nos admiran los demás. Hablando con nuestros familiares, amigos o compañeros de trabajo, podremos conocer mejor aquellas cualidades, por las que otros nos pudieran admirar, y reconocer en qué áreas somos buenos. Sin embargo, se hace necesario señalar que tiene que tratar de obtener opiniones lo más objetivas posibles, y no aquellas producto de un sentimiento de cariño o amor hacia usted. Una madre, o una persona enamorada de usted, pudieran inconscientemente atribuirle cualidades que no existen, y así distorsionar su propia percepción.

El análisis de todas estas diversas áreas le llevarán a respuestas que poco a poco irán delineando su CONJUNTO DE HABILIDADES, las cuales son sus herramientas para cumplir su MISIÓN. No descarte, u olvide incluir alguna, porque mientras más habilidades usted descubra, será más fácil el proceso de identificación de su VOCACIÓN y, en consecuencia, de su MISIÓN.

Si usted observa a un carpintero notará que para hacer su trabajo éste necesita de un martillo, clavos, serruchos, sierra, es decir, varias herramientas para realizar su labor.

Lo mismo se podría decir de un Dibujante: éste necesita de sus lápices, su borrador, sus escuadras y su compás para poder hacer sus dibujos.

Su CONJUNTO DE HABILIDADES son todas esas herramientas invisibles, intrínsecas, innatas en usted que lo ayudarán a cumplir mejor su MISIÓN.

A la larga, una vez que usted haya identificado su VOCACIÓN, podrá incrementar su CONJUNTO DE HABILIDADES con la incorporación de nuevos CONOCIMIENTOS. Estos conocimientos pueden ser: un mejor uso de sus habilidades naturales o nuevos aprendizajes que complementen sus dones. Los conocimientos los adquiriremos a través de los estudios, experiencias de vida o perfeccionamiento, por medio de la práctica, de nuestros dones de nacimiento. Ésta será un área que siempre irá en crecimiento, y nos permitirá progresar a medida que evolucione nuestra MISIÓN. Sin embargo, si está en la etapa de su vida en que debe escoger su VOCACIÓN, concéntrese más que todo en sus DONES o HABILIDADES innatas. Éstas son suficientes para ir intuyendo hacia qué área debe dedicar su vida.

En mi caso, pude llegar a la conclusión de que yo siempre había tenido una gran imaginación. Me gusta mucho la creatividad y todo lo que sea comunicar algo de una manera diferente a la gente. Pienso que siempre he tenido facilidad para la escritura y también para el análisis de información. Todavía, a estas alturas, no podía tener certeza absoluta de cuál era mi MISIÓN, pero este primer paso me ayudó a poder conocer más de mí, y descubrir en qué áreas puedo desempeñarme mejor.

Como dije antes, todos somos de alguna manera únicos. No ha habido nadie como usted, antes de que usted llegara a este mundo y, probablemente, no habrá nadie como usted después de que lo deje. Sus cualidades son únicas para lo que usted puede y estaría indicado a hacer en esta vida.

Dios no lo enviaría a este mundo a hacer algo sin ayuda. Eso es parte de la noción infinita que podemos tener del amor de Dios hacia sus creaciones.

¿Acaso los pájaros no tienen plumas, cuerpo ligero y rapidez de movimientos a la hora de conquistar los cielos?

¿No tienen los peces movilidad, aletas, y cuerpos diseñados especialmente para nadar y poder moverse en el mar, y así garantizar su supervivencia?

¿Acaso los depredadores no tienen garras, colmillos e instintos de caza que les permiten cazar a sus presas con facilidad?

No es esa misma fuerza gigantesca de la naturaleza la misma que es impulsada por un Dios infinito y: ¿acaso este Dios infinito no cuidará mejor de su creación más grande, como lo es el hombre, dándole cualidades y dones acordes con su paso por este mundo?

Usted es la creación más grande de Dios en el Universo. Haga un inventario de sus cualidades, y descubrirá todos aquellos DONES o VIRTUDES dormidas que se encuentran en su interior, y que, probablemente, usted todavía no ha utilizado al máximo.

Posiblemente, usted más de una vez se ha dado cuenta de que tiene un don especial que mucha gente le elogia, pero que nunca lo ha considerado como algo para cumplir su MISIÓN en esta vida.

Tal vez, sea ese don para preparar comidas, que arranca cumplidos de todo el mundo, o un don para detectar rápido las fallas que presentan los carros de sus amigos, lo cual los deja sorprendidos, o un don de palabra, que hace que todos aquellos que lo escuchen queden absortos oyendo sus historias.

Éste es el momento de que reconozca ese don y lo ponga a su servicio.

Y, en consecuencia: al servicio de la humanidad.

En conclusión, podemos afirmar, que el descubrimiento de sus DONES y VIRTUDES conformarán su CONJUNTO DE HABILIDADES, fundamentales para la selección de su VOCACIÓN. Éste es el primer paso en dirección al descubrimiento de su MISIÓN.

3

¿Cómo puedo hacer el mayor Bien Posible a los demás?

Una vez que usted haya hecho su inventario de DONES o VIRTUDES, ya tenemos un indicativo de hacia qué campos pudiera usted estar orientado.

Sin embargo, viene la segunda parte de la DEFINICIÓN PRELIMINAR, y es ahí cuando muchos podrían pensar: "Un momento, ¿esto es algo para que yo haga caridad o algo así?, me gusta hacer caridad, pero yo necesito hacer dinero también."

Si usted se está haciendo dicha pregunta en este momento la respuesta es NO.

Generalmente, tendemos a asociar la expresión: HACER EL BIEN A LOS DEMÁS con caridad, pero no siempre es así. Uno puede hacer el bien a los semejantes haciendo de la mejor manera posible su trabajo, cumpliendo con el trabajo que tengamos de una manera responsable, colaborando para que otros puedan hacer bien su trabajo.

Esto no tiene nada que ver con CARIDAD, lo cual no tiene nada de malo, mas sí con contribuir a la SUMA MAYOR DE FELICIDAD POSIBLE en el mundo cada día que podamos.

Así de simple.

Muchas personas relacionan HACER EL BIEN A LOS DEMÁS únicamente con labores humanitarias: atender a los pobres, los ancianos, los indigentes, etc., lo cual, como dije antes, no tiene nada de malo, es mas: lo aplaudo. Sin embargo, si todos nos dedicáramos a eso: ¿quién se encargaría de dar clases a los niños?, por ejemplo, ¿quién curaría a los enfermos en los hospitales?, ¿quién cuidaría las calles y velaría por el cumplimiento de las leyes?, ¿quién daría entretenimiento a las personas durante las noches, a través de la Televisión, después de una larga jornada de trabajo?

Sería hermoso un mundo en el que todos estuviéramos haciendo labores de caridad todo el día, ¿quién no sueña con eso?, incluso, podría suceder que habría un momento en que las personas que hacen caridad serían más que las que necesitan caridad o, simplemente, ya no habría personas necesitadas de caridad. Ese sería un mundo perfecto.

Pero lamentablemente no es así.

Para nuestra fortuna, creo que todos podemos hacer caridad en parte de nuestros tiempos libres, y aún así, en nuestro tiempo de trabajo, SEGUIR HACIENDO EL MAYOR BIEN POSIBLE A LOS DEMÁS.

¿Y cómo se hace eso?

Gracias a nuestros dones o virtudes, los cuales determinan de qué manera podemos HACER EL MAYOR BIEN POSIBLE.

Veamos un ejemplo.

Supongamos que una persona tiene dentro de su CONJUNTO DE HABILIDADES las siguientes: buenas condiciones físicas, altura de 1,98 metros, habilidad para el basketball, espíritu competitivo, carisma y personalidad.

Supongamos que dicha persona está en el dilema de ser un colaborador voluntario de su iglesia, haciendo obras de caridad, o ser jugador de basketball profesional en la NBA.

Si la MISIÓN de todos nosotros en este mundo fuera solamente HACER EL MAYOR BIEN POSIBLE, sin importar nuestros dones, esta persona, probablemente, escogería ser el colaborador voluntario de su iglesia.

Mas, de acuerdo a nuestra definición, si esta persona desea cumplir a cabalidad su MISIÓN en este mundo debería escoger lo segundo.

¿Por qué?

Porque así contribuirá a HACER EL MAYOR BIEN POSIBLE en este mundo DE ACUERDO A SUS DONES O HABILIDADES.

Alguna persona que lea esto probablemente no asociará directamente el Basketball con el bien en el mundo, pero el Basketball, al igual que otros deportes o espectáculos, contribuye a que MILLONES DE PERSONAS puedan divertirse y entretenerse: necesidades que son fundamentales en la salud mental de los seres humanos.

¿Y, qué pasaría, si este jugador en particular fuera especialmente bueno jugando? Algo así como Michael Jordan.

Bueno, al hecho de entretener y alegrar a millones de personas en el mundo, se suma el hecho de ser un modelo sano a seguir por miles de jóvenes en el mundo que quieren ser como él. Incluso en áreas que no estén relacionadas con el Basketball: muchas personas se identifican con un espíritu competitivo, el talento, la consecución de éxitos, etc., y tratarán de imitar a dicha persona en sus áreas particulares de trabajo.

En una frase: buscar también ser el mejor en su área.

Ésa es la gran importancia de aquellas personas que son exitosas en su MISIÓN y se constituyen en MODELOS DE ROL: modelos de comportamiento a seguir por niños y jóvenes que los admiran.

¿Hubiera podido Michael Jordan, si ese hubiera sido su deseo, ayudar de una gran manera a su iglesia, si en vez de jugar Basketball se hubiera dedicado a la caridad? ¿Hubiera hecho el MAYOR BIEN POSIBLE de acuerdo a sus dones?

No dudo que hubiera podido tener una gran capacidad de convencimiento, a la hora de conseguir donaciones, dado su carisma, pero creo que jugando al Basketball podía convencer a más personas en una noche si les hubiera pedido ayuda para alguna causa.

Es así, como me atrevería a decir, que la MISIÓN de Michael Jordan en esta vida ha sido:

"Entretener, alegrar e inspirar a millones de personas a través de sus hazañas deportivas."

¿Cómo lo hizo?

A través del Basketball: su VOCACIÓN.

¿Qué lo ayudo a hacerlo?

Sus innegables habilidades deportivas para el Basketball y condiciones físicas

¿Hizo el MAYOR BIEN POSIBLE?

Sí. Inspiró a millones de personas con sus jugadas, y dio innumerables alegrías a los habitantes de la ciudad de Chicago con su colaboración en los triunfos del equipo *Chicago Bulls*.

¿Ahora ve usted la diferencia de considerar el CONJUNTO DE HABILIDADES al momento de determinar nuestra MISIÓN?

Particularmente, pienso que hubiera sido un gran desperdicio el hecho de que Michael se hubiera dedicado a otra área que no hubiera sido el Basketball, pues nos hubiera privado de ver jugadas inolvidables.

Creó que este ejemplo explica muy bien qué es lo que debe considerarse como el MAYOR BIEN POSIBLE A LOS DEMÁS.

Los seres humanos tenemos diferentes NECESIDADES: necesidades físicas (comer, beber, dormir), y necesidades sociales y emocionales (entretenimiento, cultura, diversión, educación, seguridad). Estas necesidades son satisfechas a través de los DESEOS: la manera a través de la cual usted desea satisfacer una NECESIDAD. Estos DESEOS, a su vez, toman forma en diferentes servicios, y productos, suministrados por diferentes profesionales o especialistas en cada una de las diferentes áreas de competencia. Finalmente, estos profesionales, al satisfacer exitosamente algunas de estas necesidades particulares de las personas, contribuyen con su labor a HACER EL MAYOR BIEN POSIBLE A LOS DEMÁS.

Una persona, cuyas habilidades incluyan: afinidad con los niños, facilidad para transmitir conocimientos y carácter suave, es más que probable que pueda hacer el MAYOR BIEN POSIBLE A LOS DEMÁS siendo maestra de niños pequeños. Los niños necesitan aprender desde pequeños y nuestro Creador sabe que se necesitan personas para cumplir dicha función.

Otra persona, que sienta afinidad por velar por el cumplimiento de las leyes, le guste ayudar a las personas en problemas y se sienta inclinado por la investigación, podrá hacer el MAYOR BIEN POSIBLE A LOS DEMÁS siendo OFICIAL DE POLICÍA, ya que Dios está consciente de que este mundo necesita personas que velen por la seguridad de otros.

Todo es parte de un PLAN MAYOR, donde se necesitan personas en las diferentes áreas de este mundo para que funcione de la mejor manera posible: médicos, abogados, ingenieros, periodistas, deportistas, carpinteros, plomeros, artistas, científicos, psicólogos, sacerdotes, etc. La lista es interminable y todos tienen su puesto garantizado. Todos tenemos una MISIÓN particular dentro del funcionamiento de este mundo, y es gracias a esta MISIÓN que podremos obtener un mayor crecimiento espiritual y como personas.

Otra de las observaciones que se debe hacer es la relacionada a la interpretación de cómo HACER EL MAYOR BIEN POSIBLE A LOS DEMÁS. Pienso que esta función no necesariamente se debe interpretar en función de la cantidad de personas a las que hacemos el bien. Creo que se puede cumplir de dos formas y ambas son muy valiosas:

1) Hacer un pequeño BIEN indirecto a muchas personas. El cual, como vimos en el ejemplo de Michael Jordan, puede ser la satisfacción de una necesidad emocional: una alegría, una inspiración o una identificación positiva. Este bien es generalmente asociado con MISIONES en las que se beneficia a MUCHAS PERSONAS de una manera indirecta. No es un gran beneficio el que se da, pero sí beneficia a muchos. El efecto multiplicador logrado por la gran cantidad de personas beneficiadas hace que se HAGA EL MAYOR BIEN POSIBLE A LOS DEMÁS. En esta categoría, se pueden incluir todas aquellas personas que colaboran en la creación, distribución y venta de productos y servicios de consumo masivo, servicios de entretenimiento masivo y, en general, cualquier actividad destinada a muchas personas.

2) Hacer un gran BIEN directo a pocas personas. Éste pudiera ser el ejemplo de la Maestra que citamos anteriormente. En este caso, vemos que ella proporciona directamente EDUCACIÓN a un grupo reducido de niños. Una educación que para ellos es muy valiosa y que se constituirá en su base para el futuro. Aquí, se pueden incluir aquellas áreas de personas que trabajan con otras personas y la satisfacción de sus necesidades directamente, ya sea servicios de salud, educación, alimentación, terapia, asesoramiento de cualquier tipo, guía espiritual, etc.

Como podemos ver, en las dos formas descritas, el HACER EL MAYOR BIEN POSIBLE A LOS DEMÁS no es una función determinada por la cantidad de personas beneficiadas, sino más bien del resultado final: del efecto multiplicador del BIEN realizado por la CANTIDAD DE PERSONAS BENEFICIADAS.

Una persona que haga un gran bien a pocas personas logrará cumplir exitosamente su MISIÓN de la misma manera que una persona que haga un pequeño bien a millones de personas.

Una vez que usted descubra sus DONES, y de qué manera puede usted contribuir con ellos a HACER EL MAYOR BIEN POSIBLE A LOS DEMÁS, podrá cumplir esta función de muchas maneras.

Esto pudiera lograrlo, principalmente, a través de la búsqueda de la excelencia en su trabajo, o profesión, su compromiso con hacer las cosas siempre bien, cumplir con cabalidad sus responsabilidades, o proveer productos y servicios de la mejor calidad posible a sus clientes.

De igual modo, al margen de los reconocimientos y recompensas que el cumplir con nuestra labor nos puede traer, sentir que HACEMOS EL MAYOR BIEN POSIBLE A LOS DEMÁS nos llena automáticamente de satisfacción, y nos motiva para realizar aún mejor nuestro trabajo. También, nos crea un sentimiento de identificación positiva con nuestras labores que nos concede un sentido de orgullo y un renovado sentido de importancia por lo que hacemos, sin importar cuan sencilla sea nuestra labor.

Para concluir este capítulo, quisiera citar una de mis películas favoritas por su mensaje, llamada *"Groundhog Day"* [(1)], el "Día de la Marmota" en español, y protagonizada por Bill Murray.

Dicha película, narra la historia de un periodista llamado Phil, interpretado por Murray, quien, junto con su equipo de noticias, debe cubrir el "Día de la Marmota": una festividad en el pueblo de Punxsutawney, Pennsylvania, Estados Unidos de América.

La tradición del pueblo indica que, si una marmota, llamada "coincidencialmente" Phil también, sale de su cueva y observa su sombra, habrá seis semanas más de invierno, si no la ve, la primavera llegará temprano.

El periodista, magistralmente interpretado por Murray, es una persona egocéntrica y bastante insensible con todas las demás personas a su alrededor. A regañadientes, llega a cubrir la noticia ese día 2 de febrero. Luego de hacerlo, se despide de su camarógrafo y productora, y se va a su habitación de hotel para descansar e intentar irse a la mañana siguiente de dicho pueblo.

Lo divertido de la película, y para sorpresa del protagonista, es que a partir de ese momento éste queda atrapado en el mismo día: 02 de Febrero...indefinidamente.

Cada mañana, al despertarse, Phil debe hacer el mismo recorrido: caminar desde su hotel hasta el sitio de la marmota, cubrir la noticia y pasar el día entero en el pueblo que tanto detesta. Las demás personas viven siempre el día como la primera vez, pero él tiene memoria de todas y cada una de las veces que recorre el día.

El protagonista, sorprendido al inicio, empieza a aprovecharse un poco de su situación: total, si no existe el mañana, no hay consecuencias sobre lo que hagamos hoy, pero poco a poco comienza a caer en la desesperación, y en lo absurdo, producto de la rutina.

Al cumplir más de seis meses atrapado en el mismo día, decide contarle, uno de esos días, su situación a su compañera de trabajo: Rita (interpretada por Andie MacDowell), de la cual él está enamorado, y ésta decide escucharlo ante los indicios de que estaba contando la verdad.

La comprensión de ella durante todo un día, aunque inútil, ya que al día siguiente no recordará nada de lo hablado con él el día anterior, lo inspira un poco, para a partir de ese momento hacer cosas más productivas todos los días. Decide entonces tomar clases de piano, decide conocer más el pueblo, familiarizarse con sus habitantes, sus problemas, etc.

Es así, como un buen día, Phil amanece de buen humor, y decide colaborar con todos aquellos problemas que ha tenido oportunidad de ver en los meses que lleva atrapado en ese mismo día. Le trae café a sus compañeros de trabajo al cubrir la noticia, dialoga con ellos de forma amable, y los trata con respeto. También decide ser servicial con cada persona que él ha visto en el pueblo: colabora con todos los problemas que él ha visto que se presentan en ese día, da consejos y se involucra con los demás. Sorprendida por semejante actividad, su compañera de trabajo se siente cautivada por su cambio de ser, y decide tratar de pasar todo ese día con él: sólo para descubrir que, al llegar la noche, se ha ganado el corazón de casi todos los habitantes del pueblo con su amabilidad, y en menos de un día.

Al final de ese día tan activo, ella decide pasar la noche con él y acompañarlo sólo como amigos. Él, resignado, puede ver como ella se siente atraído por todo lo que él ha hecho en ese día, pero con cierta tristeza, ya que al día siguiente todo empezará de nuevo y ella no lo recordará.

Sin embargo, y para su sorpresa, el día siguiente fue:

03 de febrero.

Y es aquí a donde quiero llegar, ya que el mensaje que busca transmitir el escritor de la película, Danny Rubin, es de lo más edificante.

El protagonista únicamente pudo salir del círculo vicioso en que estaba metido, y pasar al día siguiente, cuando HIZO LA MAYOR CANTIDAD DE BIEN POSIBLE A LOS DEMÁS en un día.

Sólo así pudo moverse hacia adelante, ¡y vaya que lo hizo!

Esa persona egoísta y egocéntrica, que había llegado al pueblo, se convirtió en una persona sensible, comprensiva y considerada con los demás, aparte de ganarse el amor y la admiración de la mujer que soñaba.

Si en un día es posible hacer tanto bien: ¿cuánto más podremos hacer en una VIDA entera cumpliendo nuestra MISIÓN de la mejor manera posible?

En conclusión: el sentir que con su CONJUNTO DE HABILIDADES usted puede contribuir mejor a HACER LA MAYOR CANTIDAD DE BIEN POSIBLE A LOS DEMÁS, a través de su trabajo, es el segundo paso en el camino del descubrimiento de su MISIÓN.

4

¿Cuál es mi Misión?

Hasta este punto, si se han realizado adecuadamente todos los pasos, ya habremos podido identificar correctamente cuáles son aquellas CUALIDADES o DONES mediante los cuales podemos cumplir mejor nuestra MISIÓN.

También, hemos descubierto que la posesión de esos dones implica utilizarlos de la mejor manera posible en este mundo, y esto se logra, en función de HACER LA MAYOR CANTIDAD DE BIEN POSIBLE A LOS DEMÁS con ellos.

Sin embargo, pareciera faltar todavía una pieza en el rompecabezas. Es decir, hasta ahora hemos hablado de las herramientas de las cuales dispongo, mas no de cómo me podré yo beneficiar con el cumplimiento de mi MISIÓN: ¿qué satisfacciones me puede traer?, ¿por qué debo hacerlo?

Tal vez no me sienta motivado a hacer algo que beneficie a los demás y que a mí no me dé beneficios.

También, está el hecho de que con mi CONJUNTO DE HABILIDADES puedo ejercer más de una función, puedo verme inclinado a más de una VOCACIÓN. ¿Cómo saber cuál es mi real y verdadera VOCACIÓN con la cual podré cumplir mi MISIÓN? ¿Cómo saber cuál es el campo o área de trabajo en la cual me debo desarrollar?

Todas estas dudas son justas y valederas. De hecho, aún después de yo haber obtenido esa DEFINICIÓN PRELIMINAR de la MISIÓN, sentía que no se me daba una respuesta total.

A partir de aquella revelación pasaron aproximadamente otros seis meses sin más respuestas. Tal vez porque me dediqué a otros asuntos urgentes, mas no importantes, descuidé un poco mi búsqueda por más pistas que pudieran darme certeza sobre lo que yo debía considerar como mi MISIÓN en este mundo.

Fue así como llegué al inicio de un año nuevo. Eran los primeros días de enero del año 2007, cuando una noche, una vez más, me invadió una sensación de desorientación, de frustración. Estaba empezando un nuevo año y esos días son ideales para plantearse nuevos propósitos, nuevas metas, nuevos objetivos, etc., y el hecho de no saber mi MISIÓN todavía, después de estar más de un año buscando ese conocimiento que para mi era fundamental, me tenía impaciente.

Probablemente muchas personas no vean el sentido de conocer cuál es su MISIÓN en este mundo, tal vez no le den importancia, pero desde el punto de vista de lo que es la planificación de una vida lo es, y mucho. Es tener certeza de hacia qué dirección debe uno moverse, es saber hacia qué dedicar su energía, su tiempo, sus estudios, sus esfuerzos. Es moverse con el viento a favor, y no en contra o de lado. De alguna manera, es estar en sincronización con un Universo inmensamente infinito que lo quiere utilizar a usted para que se cumplan determinadas funciones en este mundo y, que por eso, usted podrá sentirse satisfecho. En eso radica la importancia.

Todo esto estaba en mi mente y era por eso tan grande mi deseo de descubrirlo y tener certeza.

Fue así, como el día sábado 06 de Enero del 2007, día de Reyes, estuve un tiempo orando con cierta impaciencia. Recuerdo con exactitud una de mis frases de aquella noche:

"Dios mío: si es tu deseo que yo me vaya a África a ayudar a los niños con hambre, dímelo. Yo haría con gusto lo que tú me pidieras, pero dímelo, tan sólo no quiero seguir perdiendo el tiempo."

Esa noche no estaba de muchos ánimos. Había ordenado en el mes de diciembre, a través de Internet, unos libros de ángeles, ya que me interesa mucho el tema. Estos me habían llegado antes de año nuevo, pero no había tenido oportunidad de leerlos o siquiera revisarlos.

Aquella noche, después de rezar, me acosté sin muchos ánimos y decidí no pensar más en el tema.

Al día siguiente, decidí ir a la Iglesia. No estaba muy animado porque todavía no tenía respuestas, pero aún así, decidí cumplir con Dios y a la vez relajarme un poco.

Y es aquí, cuando debo decir, que sólo en situaciones en las que uno se siente en una gran necesidad de algo, surgen milagros, surgen revelaciones, surgen pocas palabras que dicen mucho.

Estaba escuchando las palabras del sacerdote, dando el sermón de la misa, todavía sin muchos ánimos, cuando de repente, en mi interior, sentí un pensamiento tan sencillo como cierto:

"Tu MISIÓN es tu PASIÓN".

Tal vez, esa frase en sí no hubiera significado nada, pero, justo en ese momento, recordé que, aproximadamente 3 meses atrás, le comenté a una persona que tenía pensado hacer un MBA con especialización en *Marketing* porque, y recordé exactamente mi frase en aquel momento, "el *Marketing* me apasiona".

Había obtenido mi respuesta.

Todavía aturdido por semejante revelación, a duras penas podía comprender lo que se me había revelado, y mucho más por el lugar en que había sucedido. "Gracias, Dios mío." pensé.

En ese momento, todo ya tenía sentido: TODO. Era la pieza que faltaba en el rompecabezas.

Durante toda mi vida, **siempre**, pero **siempre**, me había sentido atraído por el *Marketing* y la Publicidad. En todos y cada uno de los trabajos que yo había tenido en mi vida, siempre me había inclinado a realizar actividades de *Marketing*: labores creativas, estrategias de publicidad, diseño de nuevos productos, avisos publicitarios, etc. Todo se centraba alrededor del *Marketing,* y me gustaba hacerlo, por la sencilla razón de que me gusta: *me apasiona* el *Marketing*.

Como una avalancha, llegaron a mi mente los recuerdos de todas aquellas veces, en los diferentes trabajos que había tenido en mi vida, en que yo siempre me interesaba en aspectos relacionados con el *Marketing*. Cómo, sin darme cuenta, incluso a veces yo asesoraba con ideas a otros departamentos relacionados con dicha área, pero porque me gustaba, porque me sentía motivado a hacerlo, no por obligación.

En dicho momento, sentí que todo el UNIVERSO sabía que yo siempre había sido bueno para el *Marketing* menos yo.

Inmediatamente, hice un análisis de mis CUALIDADES y todo me lo indicaba: me gusta la creatividad, la innovación, considero que tengo una gran capacidad de análisis, facilidad para transmitir ideas, etc.

Probablemente usted ya había oído hablar de esta idea, pero para mí era algo totalmente nuevo, y lo más increíble es que se me ratificó al llegar a mi casa. Esa tarde, decidí leer los libros de ángeles que había adquirido en Diciembre, entre los cuales se encontraba uno llamado "El Devocionario de su Ángel de la

Guarda" [2], escrito por Bárbara Mark y Trudy Griswold. En el principio de la página 89 de la versión en español de dicho libro encontré la siguiente revelación que le había sido hecha a una de las autoras por los ángeles: "Su pasión ES su camino".

Para mí, esto era una clara señal de que esta era la tercera parte del rompecabezas. Aquello que definía qué es nuestra MISIÓN en esta vida.

Es así, como ahora sí podemos dar una DEFINICIÓN completa de lo que es la MISIÓN de uno en esta vida.

DEFINICIÓN:

"La Misión de nuestra vida es aquello que nos APASIONA y, que de acuerdo a nuestros dones, talentos o virtudes, nos permite HACER EL MAYOR BIEN POSIBLE a los demás."

Tan sencillo como se lee.

Ahora podemos afirmar con seguridad que ésta es la definición ampliada y definitiva, y que nos especifica de manera inequívoca cómo podemos identificar nuestra MISIÓN.

Es la definición que nos permitirá determinar, a través de sus tres partes, cuál es nuestra MISIÓN en este mundo.

En consecuencia, la MISIÓN no sólo es algo para lo cual estemos capacitados para hacer por nuestras cualidades, y por la que podemos HACER EL MAYOR BIEN POSIBLE A LOS DEMÁS, sino que también NOS GUSTA HACER, NOS APASIONA HACER.

Una vez más, tiene bastante lógica desde el punto de vista de Dios al momento de crearnos. No sólo nacemos genéticamente con las herramientas o cualidades necesarias para cumplir nuestra Misión, sino que además Dios nos ha programado en nuestros genes, en nuestro ser, la PASIÓN por realizar eso, el DESEO, la ALEGRÍA para cumplir dicha tarea.

No bastaba sólo con darnos cualidades, sino también la felicidad por hacer algo que nos guste.

Y de paso haremos la mayor cantidad de bien posible en este mundo.

¿Qué excusa podemos tener entonces para no cumplir nuestra MISIÓN en esta vida?

Tal vez algunos en este punto no puedan tener todavía claro qué es la PASION por hacer algo. Pueden verlo como algo subjetivo, pero creo que para el que lo siente no hay nada de subjetividad.

Usted se siente apasionado por una tarea cuando puede estar horas haciendo eso y no se siente cansado, agotado o aburrido mentalmente. Es algo que le divierte hacerlo, que lo entretiene, que le plantea nuevos retos cada vez que lo hace de nuevo.

Es algo que, una vez que usted lo termina de hacer, le da orgullo, satisfacción, alegría al haberlo hecho, ya sea: la partitura y letra de una canción, una casa construida, una venta cerrada con un cliente satisfecho, un aviso publicitario, un vestido o un programa de computación. Es aquello que a usted le encargaron, o que usted por su propia cuenta decidió crear, y el resultado final le satisface, lo llena de alegría.

Es aquella área de conocimiento en donde usted le gusta conocer más, estudiar más, aprender más. Siempre está pendiente de los nuevos conocimientos o tendencias en dicha área. Cuando alguien le pregunta su opinión sobre temas relacionados con dicha área, o le pide ayuda para solucionar un problema, le encanta expresar sus ideas, asesorar, involucrarse y conocer más detalles sobre el problema de dicha persona para, en base a su conocimiento, dar una solución.

Es aquello por lo que prácticamente usted trabajaría gratis porque le gusta hacerlo. Aquello en que usted se involucra a trabajar totalmente concentrado y pierde totalmente la noción del tiempo. Sin darse cuenta, pueden pasar horas, y usted está tan absorto y feliz trabajando que no se dio cuenta del paso del tiempo.

Y he aquí la diferencia entre aquellas personas que han descubierto su MISIÓN desde temprano y el resto del mundo; dichas personas son exitosas porque sienten PASION por lo que hacen. Al sentir PASION le dedican más tiempo a su VOCACIÓN y son mejores en su área; en consecuencia, siempre consiguen ser los mejores, tener mejores remuneraciones y más éxitos.

En pocas palabras: no sólo hacen lo que les gusta y les divierte, sino que además le pagan por ello.

¿No es ese acaso el sueño de todo el mundo?

Dicho así, pareciera ser muy fácil tener éxito en la vida, y uno pudiera preguntarse: ¿por qué la gran mayoría de las personas no tienen el éxito deseado?

Pues la respuesta, de acuerdo a todo lo que hasta ahora hemos analizado, es muy sencilla.

La gran mayoría de las personas, que andan por el mundo sin un rumbo determinado, subempleados, o en empleos que no los satisfacen, no están cumpliendo su MISIÓN en este mundo. No están haciendo aquello para lo que están mejor capacitados genéticamente, y para lo cual tendrían éxito.

¿Y por qué no lo hacen?

Pues, como veremos más adelante, existen muchos factores que hacen que las personas escojan caminos diferentes al que hubiera sido su camino ideal, su VOCACIÓN.

Dios le ha dado el libre albedrío al ser humano. El ser humano es libre de escoger cuál quiere que sea su VOCACIÓN. Sin embargo, el seleccionar un camino por el cual no tengamos talentos, o habilidades para tener éxito, es una posible receta a mayores esfuerzos y trabajos.

Volviendo al ejemplo de Michael Jordan, algunos podrán recordar un poco sus incursiones en otros deportes como el Baseball o el Golf. ¿Fue tan exitoso como en el Basketball?

No, difícilmente destacaba.

Sin embargo, él tenía libertad para escoger en qué deporte hacer carrera.

¿Piensa usted que hubiera tenido los mismos éxitos si hubiera escogido ser jugador de Baseball desde joven, en lugar de ser jugador de Basketball?

Probablemente nunca lo sabremos, pero, en mi opinión, sus condiciones físicas y habilidades le favorecían más para la práctica del Basketball. Su VOCACIÓN era el Basketball, y su desempeño posterior así lo demostró.

En estos momentos, quizás usted esté pensando que entonces no existe tal cosa como el libre albedrío. Dios nos envía a este mundo con una programación genética para que una tarea nos guste, nos da cualidades únicas para cumplir esa tarea y, además, debemos hacer la mayor cantidad de bien posible con ello. En consecuencia, estamos obligados de por vida a hacer eso y nada más que eso, no podemos escoger.

Pues, he ahí el detalle: sí podemos escoger. Y he ahí la gran diferencia entre aquellas personas que son exitosas en su vida, y disfrutan cada día en su trabajo, y aquellas que cambian de profesión constantemente, y se quejan de lo aburridos que son sus empleos.

Con esto, no quiero caer en un determinismo, y así afirmar que sólo puede existir un camino por el que cada una de las personas de este mundo debe transitar y cumplir, y que si no lo cumple será infeliz. No.

Creo que el ser humano puede recorrer infinidad de caminos alternativos: vocaciones, trabajos, cumplir multitud de tareas en función de algunas o todas sus cualidades y, de igual manera, ser muy feliz. **Pero también creo que existe un camino por el cual se maximiza la felicidad de la persona en este mundo**. Un camino a través del cual todo ser humano puede convertir su trabajo en algo satisfactorio, que le brinde beneficios y abundancia ilimitada, y, además, hacer la MAYOR CANTIDAD DE BIEN POSIBLE en este mundo en función de sus dones o habilidades personales.

Y ese camino es el determinado por su MISIÓN.

Tenemos la opción de no cumplir dicha MISIÓN, somos libres de hacerlo, pero les pregunto:

¿Qué tiene de malo hacer algo que genéticamente nos gusta y nos apasiona, para lo que además tenemos MEJORES CUALIDADES o HABILIDADES que los demás, y que por añadidura HAREMOS LA MAYOR CANTIDAD DE BIEN POSIBLE en este mundo?

Yo no sé ustedes, pero si Dios me hiciera esa oferta de trabajo no lo pensaría mucho.

Y lo mejor de todo es que Dios será nuestro empleador.

¿Acaso se imagina usted a un JEFE con mayores recursos en este mundo? ¿Con mejor opción de ofrecerle a usted un paquete de beneficios de por vida? ¿Capaz de ofrecerle oportunidades de crecimiento profesional a medida que usted adquiera experiencia y mayores conocimientos?

Difícilmente podría encontrarse un jefe así, al menos no de carne y hueso.

Todos venimos a este mundo en función de un Plan Mayor. Sería ideal que todos tuviéramos infinitas CUALIDADES o HABILIDADES y, en base a nuestro libre albedrío, escoger cuál sería nuestra carrera soñada. Sin embargo, pienso que eso crearía un desbalance en este mundo. Como veremos más adelante, existen carreras o VOCACIONES que son más deseadas por la mayoría. Si la cantidad de CUALIDADES fuera dada infinitamente a los seres humanos, probablemente todo el mundo escogería ser cantante o un actor reconocido. Aquellas carreras que las personas observan como las que garantizan FAMA y FORTUNA, y que normalmente quieren seguir a pesar de no tener las habilidades necesarias.

Creo que este mundo no sólo necesita cantantes o actores, con todo el respeto que me merecen, sino que también necesita médicos, abogados, ingenieros, científicos, así como agricultores, maestros, plomeros, electricistas, bomberos, policías, etc. La lista de ocupaciones es interminable.

Aun carreras, en las cuales algunas personas no pudieran ver una aplicación práctica a simple vista, como por ejemplo: la ARQUEOLOGÍA o la PALEONTOLOGÍA, son necesarias para este mundo.

Dentro del Plan de Dios existe la necesidad de que estos profesionales exploren el pasado y, en base a sus descubrimientos, entender mejor la evolución de la Historia del ser humano, y la vida en nuestro planeta. Son especialidades necesarias para nuestro progreso, y Dios sabe que se hace necesario que haya personas con esa VOCACIÓN en nuestro mundo.

¿Usted no considera que hace falta **pasión** para que estos profesionales pasen horas y horas en excavaciones lejos de la civilización: en desiertos polvorientos, con más de 38 grados centígrados de temperatura y viviendo todo tipo de incomodidades?

Se necesita **pasión, amor** por su trabajo y mucha **dedicación**.

Pasión, que como vimos antes, viene en nuestros genes, en nuestro ser, desde el momento de nuestro nacimiento.

Y gracias a los esfuerzos de estos profesionales, se logran descubrimientos que nos ayudan a comprender mejor la historia de civilizaciones anteriores, y en el caso de los paleontólogos: la evolución de la vida en nuestro planeta.

Necesidades que para algunas personas, a simple vista, no puedan tener mucho significado, pero sí para Dios y el desarrollo de este mundo, del progreso, de la civilización.

Y es ahí donde funciona el PLAN MAYOR de Dios. Se hace necesario que haya personas en determinadas áreas de este mundo donde quizás, en circunstancias de igualdad de condiciones, dichas áreas no serían escogidas.

Sólo basta con ver cómo algunas carreras de Universidades, o algunos oficios, tienen más demanda que otros. Ese es un desbalance que puede crear problemas en el equilibrio de este mundo, y que sólo puede ser compensado con la repartición FINITA de cualidades o habilidades para cada persona, y una pasión genética, inherente para dicha VOCACIÓN.

Quiero aclarar que hasta este punto sólo podía haber finalmente descubierto de qué modo yo cumpliría mi MISIÓN: en este caso a través del *Marketing*, mi verdadera VOCACIÓN.

El descubrimiento de la VOCACIÓN, como aquello que nos apasiona, es un paso gigantesco para cumplir nuestra MISIÓN. Sin embargo, el determinar cuál será nuestra MISIÓN en este mundo puede tomar toda una vida, y sólo al final, al mirar atrás, al hacer retrospectiva de todos nuestros logros, de nuestros éxitos, de por qué se nos recuerda, es que podremos tener certeza de cuál fue nuestra MISIÓN principal en este mundo.

También se puede dar el caso de que iniciemos nuestro camino, una vez descubierta nuestra VOCACIÓN, en determinada dirección, considerando que nuestra MISIÓN está relacionada con dicha VOCACIÓN y, mientras estamos en ese camino, un determinado evento o alguna iluminación nos permite ver cuál es nuestra verdadera MISIÓN.

Es el caso de todas aquellas personas que, en determinado momento de su vida, alguna circunstancia o evento les dio una iluminación particular, o les permitió hacer un descubrimiento.

Por ejemplo, en 1876, Alexander Graham Bell intentaba inventar un aparato que reprodujera las vocales y las consonantes a partir del habla.

Bell, para ese momento, trabajaba como logopeda, el cual es un especialista en tratar a personas con problemas de lenguaje, el habla y la voz. Conocía perfectamente la anatomía del oído humano y, en base a esa comprensión, trataba de crear dispositivos que ayudaran a corregir los problemas de comunicación de sus pacientes.

Su idea era crear un aparato que ayudara a las personas con estos problemas y así poder integrarlos mejor a la sociedad.

Sin embargo, el fruto de estas investigaciones terminaron en constituirse en lo que fue conocido como el primer teléfono de la historia y, hoy en día, Bell es conocido como el padre de la telefonía moderna, por haber sido el primero en desarrollar el invento comercialmente y haber creado una red de comunicaciones para ello.

Probablemente, Bell pensaba que su MISIÓN en este mundo estaba relacionada con ayudar a personas con discapacidades del habla: MISIÓN del todo respetable. Pero fue gracias a esa MISIÓN inicial, a su conocimiento de la anatomía humana, su comprensión del funcionamiento del proceso de comunicación y, especialmente, a su gran deseo por ayudar a sus pacientes, que pudo concebir un aparato para la comunicación a larga distancia como lo es el teléfono, y así hacer que se convirtiera en un Inventor.

A su muerte, en 1922, dejó 18 patentes a su nombre, incluida la patente del teléfono. Invento, que desde entonces, ha facilitado la comunicación a larga distancia de millones de personas.

Como veremos más adelante, nuestra MISIÓN puede evolucionar, crecer, aumentar a medida que pasen los años. Sólo una retrospectiva al final, si lo hicimos todo bien, permitirá concluir con certeza cuál fue nuestra MISIÓN y nuestro aporte a este mundo.

Sin embargo, el ya conocer nuestra VOCACIÓN es un paso gigantesco para esa DIRECCIÓN. Es aquello que nos APASIONA, nos alegra, y para lo cual estamos mejor preparados gracias a nuestras CUALIDADES o DONES.

En conclusión, podemos afirmar que el tercer y definitivo paso para el descubrimiento de su MISIÓN en este mundo es reconocer aquello que le APASIONA. Su PASION es su VOCACIÓN, y ésta le ayudará a cumplir su MISIÓN.

5

¿Cómo sé si yo estoy cumpliendo mi Misión?

Como vimos anteriormente, se deben cumplir tres criterios fundamentales para que una especialidad, trabajo u oficio, pueda ser considerada correctamente como nuestra MISIÓN en este mundo:

1) Nos debe APASIONAR.

2) Debemos tener los DONES o HABILIDADES indicados para cumplir dicha especialidad, y

3) Gracias a los dones, es algo a través de lo cual HACEMOS EL MAYOR BIEN POSIBLE A LOS DEMÁS.

Tres criterios que deben satisfacerse, y que en base a su cumplimiento nos dan certeza de que aquello que estamos realizando es nuestra MISIÓN en esta vida. No basta con que se cumplan uno o dos: los TRES son necesarios para que podamos tener certeza de que aquello que hemos escogido como nuestra

VOCACIÓN es la llamada a ayudarnos a cumplir nuestra MISIÓN en esta vida.

Únicamente, en el caso de los jóvenes que están a punto de escoger una carrera, o ya la están estudiando, dicho criterio pudiera flexibilizarse, y tomar en cuenta tan sólo los dos primeros. Deben evaluar si tienen los DONES o HABILIDADES necesarios para la carrera que han escogido, y considerar si sienten PASIÓN por ella. Estos dos aspectos son fundamentales para que identifiquen correctamente que dicha carrera es su VOCACIÓN.

En caso de que todavía no tenga ambos aspectos muy claros dentro de sí mismo, al final del libro le damos algunas sugerencias adicionales que le pueden ayudar a identificar correctamente su VOCACIÓN. Muchas veces, no escogemos una carrera por desconocimiento de la misma. En esta parte, es recomendable hacer la mayor investigación posible para no equivocar nuestro camino. La cantidad de carreras posibles es innumerable, tantas, como la posible cantidad de combinaciones de habilidades en los seres humanos. Es sólo cuestión de que usted identifique sus habilidades y las empareje con una VOCACIÓN por la cual usted sienta PASIÓN al conocerla.

Será algo así como "amor a primera vista."

Incluso, si a la larga usted desarrolla estudios en diversas áreas, y combina dichos conocimientos, pudiera darse el caso de que desarrolle una nueva especialidad dentro de una VOCACIÓN, una sub-rama del conocimiento, una nueva forma de combinar enseñanzas de diferentes especialidades con aplicación práctica para este mundo. Así de particular puede ser su CONJUNTO DE HABILIDADES.

Una vez que usted identifique su VOCACIÓN, estará definitivamente encaminado a cumplir con su MISIÓN. En el caso de algunas carreras que impliquen varios años de estudios para concluirlas, la función de HACER EL MAYOR BIEN POSIBLE A LOS DEMÁS puede no ser muy evidente al principio, mientras que en otras VOCACIONES, que dependan de una habilidad particular o un don muy especial, puede ser casi inmediatamente. En el primer caso, la mejor garantía de que usted estará haciendo el MAYOR BIEN POSIBLE A LOS DEMÁS se verá evidenciado en su desempeño como estudiante, mientras que en el segundo caso, en el perfeccionamiento de sus dones.

Si usted es un estudiante, no importa cuan lejos esté todavía de ejercer un trabajo y ganarse la vida profesionalmente a través de sus dones y su VOCACIÓN. Si usted se esmera en ser el mejor estudiante posible, de sacar el mayor provecho a las clases a las que asiste, a obtener las mejores calificaciones en sus asignaciones y, especialmente, en tratar de hacer un aporte intelectual con sus opiniones, trabajos o investigaciones durante sus años de estudios, usted ya estará encaminado en su vida en HACER EL MAYOR BIEN POSIBLE A LOS DEMÁS. Usted dejará una huella a su paso por su Universidad, o lugar de estudios, y ésta a su vez dejará una profunda huella en usted.

¿Cómo siendo el mejor estudiante posible usted puede HACER EL MAYOR BIEN POSIBLE A LOS DEMÁS?

Bueno, tal vez usted no se dé cuenta, y sienta que el único beneficiado sea su historial académico, pero, al buscar la excelencia en su área, usted probablemente servirá de inspiración y referencia para otros estudiantes. Sus trabajos o investigaciones pudieran pasar a ser una base para el aprendizaje de nuevas generaciones de estudiantes con el paso de los años, y sus profesores se verán enriquecidos en el ejercicio de sus cátedras con sus preguntas, opiniones y puntos de vista. Quizás usted nunca lo perciba, pero su dedicación y excelencia contribuirá de muchas maneras a HACER EL MAYOR BIEN POSIBLE A LOS DEMÁS.

En el caso de que su VOCACIÓN no esté relacionada a los estudios, y ésta se relacione más con el uso de un don particular: tocar un instrumento, la práctica de un deporte, la expresión artística, etc., se aplica el mismo principio. Al estar usted trabajando en el perfeccionamiento de sus DONES particulares, practicando, y poniendo todo su empeño en aprender y avanzar lo antes posible en el progreso de sus habilidades, ya está, de alguna manera, contribuyendo a hacer el MAYOR BIEN POSIBLE A LOS DEMÁS. Al igual que en el caso anterior su **dedicación** y **progreso** inspirará a otros y dará una poderosa retroalimentación a sus profesores o tutores.

En el caso de las personas que ya cursaron estudios, y actualmente estén ejerciendo una profesión, debemos hacer el análisis especificado al principio de este capítulo, y verificar que se cumplan las tres condiciones: se poseen las HABILIDADES o DONES necesarios para ello, se siente PASIÓN por dicha actividad, y se hace EL MAYOR BIEN POSIBLE A LOS DEMÁS con dicha profesión.

Consideremos todos los casos posibles donde no pudiera estar cumpliéndose alguno de los tres criterios.

Probablemente, algunas de las personas que estén leyendo esté libro estén en un trabajo donde tengan habilidades para ello: cualidades especiales, calificaciones, aptitudes, etc., además, es un trabajo de responsabilidad donde colaboran con un gran servicio para sus clientes y la humanidad, y es muy bien remunerado, pero: ¿les apasiona?

¿Es algo que los llena al realizarlo? ¿Les causa satisfacciones personales o sólo monetarias? ¿Se siente orgulloso cada vez que lo realiza o dice: "es sólo un trabajo, basta con que cumpla con él y ya"?

Como analizaremos más adelante, muchas personas escogen carreras basadas en su prestigio o sus buenas remuneraciones. Es un criterio bastante frecuente y difícilmente pudiera ser cuestionable, pero, al margen de dicho prestigio, usted debe preguntarse: ¿esta carrera realmente me apasiona?

¿Me apasionan las recompensas del prestigio de la carrera o la carrera en sí?

Si la respuesta a todas estas preguntas es SÍ, ¡felicidades! Usted está encaminado en su MISIÓN en este mundo, pero si la respuesta es NO, o NO ESTÁ SEGURO, es conveniente que haga un verdadero análisis sobre hasta qué punto dicha carrera le da satisfacciones y lo llena, y es su verdadera VOCACIÓN.

Más de una vez en nuestra vida hemos tenido la intuición de qué es lo que realmente nos APASIONA. En mi caso, yo más de una vez tuve la respuesta a mi alcance, mas siempre la ignoré, la deseché por argumentos no del todo valederos, simplificaciones mentales que no me permitían pensar en el asunto más tiempo del necesario, y argumentos mundanos que me distrajeron de mi verdadera VOCACIÓN.

Pero siempre estuvo ahí, latente, a mi alcance, la respuesta siempre estuvo a mi alrededor, sólo que yo no la quería ver. Decidí escoger Ingeniería sobre mi verdadera VOCACIÓN porque no le dediqué el tiempo suficiente a evaluar las consecuencias negativas de esta decisión. En mi limitado criterio, pensaba que cualquier carrera que yo escogiera, y que fuera bien remunerada, me daría suficientes satisfacciones.

Obviamente, el dinero siempre será un factor determinante a la hora de escoger una carrera: una VOCACIÓN y, en mi caso, siempre trataba de orientarme en ese sentido.

Creemos que hemos hecho una buena elección basada en el hecho de que dicha CARRERA es muy bien remunerada, incluso de prestigio. Sin embargo, como veremos más adelante, éste es un criterio muy engañoso. Más aún, porque, al escoger una CARRERA con esta justificación, se crean sólo recompensas en la consecución del resultado y no en la ejecución de la causa de ese resultado. Debemos sentirnos recompensados, felices, alegres por hacer algo y no sólo después de que lo hemos hecho. Es la diferencia entre: "trabajar para vivir", y "disfrutar para vivir".

La PASIÓN lo ayuda a ser más productivo, a poder trabajar con más entusiasmo, a involucrarse más con su trabajo. Es conveniente que haga un análisis interno sobre hasta qué punto lo que usted realiza en los actuales momentos lo apasiona. Si no siente PASIÓN por su actividad, o carrera actual, investigue qué es aquello que realmente le apasiona. Como dije antes, a lo mejor usted lo ha intuido más de una vez. Es cuestión de combinarlo con sus DONES actuales, y empezar a HACER EL MAYOR BIEN POSIBLE A LOS DEMÁS con dichos dones.

También, pudiera darse el caso de que a usted algo le apasione y sienta que tiene los dones para ello, pero: ¿le HACE EL MAYOR BIEN POSIBLE A LOS DEMÁS con ello?

Por ejemplo, en este punto alguien pudiera decir que le apasionan las mujeres, y que además tiene cualidades para conquistar mujeres: apariencia, encanto, labia, etc.

Erróneamente, esta persona pudiera decir:

"Mi MISIÓN en esta vida es ser un Don Juan, un *playboy*. Dios me envío a este mundo para conquistar y amar mujeres."

Bueno, lamento decepcionarlo si ya estaba haciendo planes en ese sentido, pero escogiendo esa VOCACIÓN, si se le puede llamar así, no le hace el MAYOR BIEN POSIBLE A LOS DEMÁS.

Si acaso, se hará mucho bien a usted mismo y, probablemente, le alegrará la vida a varias chicas que disfrutarán su compañía durante algún tiempo, pero cuando llegue el momento de que alguna de ellas decida no compartirlo con las demás, y desee que usted se decida por estar sólo con ella, las cosas se pondrán feas, y toda esa felicidad anterior podría revertirse.

Si no estaba implícito antes, es bueno aclararlo ahora: la función de HACER EL BIEN A LOS DEMÁS no puede hacerse a costa del MAL DE OTROS porque eso desvirtúa automáticamente todo el sentido de hacer el bien.

Si esta persona decidiera aprovechar sus DONES para ser un Don Juan y, en base a sus mentiras, hacer "felices" a muchas chicas a la vez, automáticamente desvirtúa sus actos. El fin no justifica los medios.

Además, como dijimos antes, la función de HACER EL BIEN A LOS DEMÁS, cuando se hace a un grupo definido de personas, debe hacerse desinteresadamente, y no porque tengamos intereses en ese grupo determinado de personas. El BIEN debe ser una consecuencia de nuestra labor, un beneficio producto de nuestro trabajo, y no porque esperamos algo a cambio.

Obviamente, debemos ser remunerados por nuestro trabajo, es la recompensa que el Universo nos da por cumplir con nuestra MISIÓN. Pero si esperamos premios más allá de la compensación recibida por nuestros servicios, porque deseamos algo más de la persona beneficiada, automáticamente esto deja de ser una labor desinteresada.

En el caso del amigo con pretensiones de Don Juan, esto no aplicaría, porque obviamente él espera que cada una de esas mujeres le diera algo a cambio: ya sea amor, regalos, compañía, etc.

Otro ejemplo que pudiera citar es el de una persona que sienta pasión por alguna afición, gusto o *hobbie*. Esto puede ser una actividad, alimento, objeto, deporte o entretenimiento en el que nos gusta pasar nuestro tiempo.

Por ejemplo, alguien erróneamente pudiera decir que porque siente pasión por ir de compras, y siempre hace buenas compras, su MISIÓN está relacionada con eso, y sin muchos titubeos concluir:

"Mi MISIÓN en este mundo es ir de compras con la tarjeta de crédito de mis padres cada vez que pueda."

Una vez más: al único al que se le hace el BIEN con este tipo de MISIÓN es a usted mismo, y quizás a los dueños de varias tiendas de ropa. Un BIEN que a la larga se revertirá cuando a sus padres les llegue el Estado de Cuenta de la tarjeta de crédito.

Si bien estos ejemplos pudieran parecer extremos, lo que deseo es ilustrar que el criterio de HACER EL MAYOR BIEN POSIBLE A LOS DEMÁS es algo fundamental a la hora de reconocer nuestra MISIÓN.

Para algunos tal vez no pudiera ser importante este criterio, pero quizás es el más importante, es el que define la ESENCIA de la MISIÓN en sí. Es lo que eleva su proyecto de trabajo y vocación a la categoría de MISIÓN EN ESTA VIDA: nuestra RAZÓN PARA ESTAR EN ESTE MUNDO.

Muchos pensarán que ésta pudiera ser una VISIÓN algo idealista para definir la MISIÓN, mas no lo es. Lo analicé mucho después de que dicha definición llegó a mi mente y no es así. Tiene mucho sentido. Es un criterio necesario para poder discriminar aquella VOCACIÓN de todas aquellas actividades, gustos o aficiones que nosotros realizamos y en las cuales sentimos PASIÓN, o para las cuales tenemos CUALIDADES.

Es la diferencia entre una MISIÓN en este mundo y una simple afición.

Es también la diferencia entre tener una referencia ética para ejercer nuestra profesión en este mundo o aceptar cualquier trabajo que nos llegue que pueda ser moralmente cuestionable.

De vez en cuando, se encontrará en su camino propuestas, alternativas, negocios, que tal vez le proporcionen beneficios a usted y a su empresa. Pero, ¿Le HARAN UN BIEN A LOS DEMÁS? o ¿Le HARAN UN BIEN A LOS DEMÁS, pero a la larga podrían hacerle un MAL? He ahí donde usted debe tener presente más que nunca la definición de MISIÓN y aplicarla en su vida.

Su conciencia siempre se lo agradecerá.

Este criterio también le ayudará a identificar cuál es su MISIÓN ante diferentes propuestas de trabajo. Probablemente, a lo largo de su vida, se verá ante encrucijadas, momentos donde deberá escoger entre más de una opción de trabajo con similares beneficios para usted y su carrera. Evaluando a través de qué opción podrá usted hacer EL MAYOR BIEN POSIBLE A LOS DEMÁS se le aclarará cuál es su MISIÓN inmediata en este mundo.

Finalmente, pudiera darse el caso de que una persona siente que determinada actividad le APASIONA, y que además HACE EL MAYOR BIEN POSIBLE A LOS DEMÁS, mas no tiene las HABILIDADES O DESTREZAS necesarias para dicha actividad.

Realmente éste sería el caso menos grave de todos. Al fin y al cabo, está haciendo algo que lo APASIONA y hace UN BIEN A LOS DEMÁS. Sin embargo, como dijimos anteriormente, la MISIÓN es aquel camino mediante el cual **se maximiza la felicidad de la persona en este mundo**. Un camino a través del cual todo ser humano puede convertir su trabajo en algo satisfactorio, que le brinde beneficios y abundancia ilimitada y, además, con sus DONES hace la MAYOR CANTIDAD DE BIEN POSIBLE en este mundo.

Si usted no está utilizando del todo sus dones o habilidades, usted está sub-aprovechando su capacidad para hacer el bien en este mundo. Usted pudiera dar más de lo que da y hacer más bien todavía.

De igual manera, al no tener usted los dones o habilidades indicadas para esa actividad, su desempeño siempre será inferior a otros colegas suyos que sí pudieran estar ejerciendo su VOCACIÓN en dicha área y, para los cuales, obviamente, todo les será más fácil.

Al no tener usted habilidades naturales, o dones indicados para esa VOCACIÓN, siempre tendrá que trabajar el doble para poder igualar a sus competidores y, por consiguiente, le costará más destacar, si eso es importante para usted.

Por ejemplo, puede darse el caso de una chica que le apasione el mundo de la MODA, e intente reiteradamente, sin éxito, ser una modelo, ya que le agrada el ambiente de los desfiles de moda, la publicidad alrededor de los eventos, los detalles de los vestidos, etc. Erróneamente, esta chica pudiera creer que porque ese mundo le apasiona, el MODELAJE es su VOCACIÓN, cuando pudiera haber muchas otras áreas para las cuales ella tiene verdaderas cualidades dentro de ese mismo mundo, como puede ser: el diseño de moda, las relaciones públicas, la coordinación de los desfiles de moda, la fotografía, etc. Es sólo cuestión de que esta chica haga un análisis de sus verdaderos DONES, o HABILIDADES innatas, para reorientarse mejor en su PASIÓN: en este caso el mundo de la Moda, y así, hacer el MAYOR BIEN POSIBLE A LOS DEMÁS en función de esos DONES.

De cualquier modo, como dije antes, éste es el caso menos grave de todos, y en el cual usted está más cercano de cumplir su MISIÓN, ya que tiene esa PASIÓN por una actividad y HACE EL BIEN A LOS DEMÁS. Es cuestión, como dije antes, de hacer un análisis interior, y poner esos DONES inherentes no aprovechados al servicio de usted y del mundo, y así orientarse en aquella área donde usted pudiera aportar más y trabajar más cómodamente.

En conclusión: usted tendrá certeza de que la VOCACIÓN que escogió, o está por escoger, es el camino para cumplir su MISIÓN cuando se cumplan los tres criterios al mismo tiempo: nos APASIONA, tenemos los DONES o HABILIDADES indicados para cumplir dicha VOCACIÓN y es algo a través de lo cual HACEMOS EL MAYOR BIEN POSIBLE A LOS DEMÁS.

¿Por qué es importante cumplir nuestra Misión en esta vida?

Bueno, como si todavía no fueran suficientes los argumentos que hasta ahora hemos presentado para que usted corra a investigar dentro de sí mismo cuál es su MISIÓN en este mundo, todavía hay más.

Es decir:

-Su MISIÓN es algo que le apasiona, que disfruta hacerlo, que le gusta.

-Sus cualidades o dones son perfectos para cumplir con su MISIÓN. Usted sobresaldrá automáticamente en su área porque Dios le ha provisto de las cualidades perfectas para dicha área.

Y además:

-Cumpliendo su MISIÓN hará la mayor cantidad de bien posible en este mundo.

¿Quiere oír más?

Bueno, prepárese:

La ABUNDANCIA más grande que usted puede recibir en este mundo fluye a través del cumplimiento de su MISIÓN.

Como dijimos antes, al momento que usted escoge cumplir su MISIÓN, Dios es su empleador. Esto es garantía automática de que usted recibirá los mejores beneficios posibles, la mayor cantidad de abundancia posible por su labor, las mejores oportunidades de trabajo, etc.

Y no sólo me refiero a la abundancia material.

Generalmente se asocia la abundancia al dinero, mas, sin embargo, la abundancia puede presentarse de diferentes maneras.

Si usted descubre que la VOCACIÓN a través de la cual cumplirá su MISIÓN es el ARTE: la pintura, esta abundancia fluirá en la forma de cientos de ideas para pinturas, nuevas formas de usar los colores, formas de expresarse, etc.

Si, por ejemplo, su VOCACIÓN es ser VENDEDOR de BIENES RAÍCES, a usted la abundancia se le presentará en forma de muchos clientes, nuevos negocios, nuevas oportunidades de ventas, nuevas técnicas para cerrar negocios, ideas para promocionar sus inmuebles, etc.

Si usted descubre que su VOCACIÓN es el servicio público, a través de la POLÍTICA, la abundancia le vendrá en: nuevas ideas para mejorar los servicios públicos, nuevas leyes, ideas para administrar mejor los recursos, mayor cantidad de partidarios, etc.

También usted se verá pleno de abundancia espiritual: amistades, amor, reconocimiento, felicidad, etc.

Todo aquello con lo que la mayoría de las personas sueña.

Cumplir su MISIÓN es, de alguna manera, ya estar alineado con el UNIVERSO. Es cumplir con lo que se le ha encargado y, en consecuencia, el UNIVERSO no tiene más alternativa que **recompensarle**.

¡Y vaya que le recompensa!

Pienso que los ejemplos en este sentido sobran.

¿A cuántas personas conoce usted que les gusta en lo que trabajan porque les apasiona y además viven muy bien?

Muchas, ¿verdad?

Y no es casualidad. La abundancia los busca. La abundancia les llega prácticamente sin ningún esfuerzo. Su excelente desempeño en su área de trabajo los hace merecedores de recomendaciones de amigos, conocidos, clientes que los refieren, y que hacen que más personas los busquen para solicitar sus servicios. Es como una reacción en cadena que no se detiene nunca y es constante. Con cada día que pase dedicado a cumplir su MISIÓN, usted alimentará una CONCIENCIA DE ABUNDANCIA que crecerá más y más y le traerá todos los beneficios posibles.

Tal vez ahora usted pudiera pensar en algunas personas famosas que sí parecían estar en cumplimiento de su MISIÓN, pero que a lo mejor murieron en la indigencia o sin ser reconocidos.

Existen casos en la Historia, claro que existen, pero intuyo que en dichos casos hubo otros factores que pudieron influir en que dichas personas no recibieran la ABUNDANCIA que el UNIVERSO les ofrecía en recompensa de su trabajo. Como por ejemplo: se me ocurre la vida de algunos pintores famosos, como los holandeses Vincent Van Gogh o Johannes Vermeer, quienes, a pesar de su talento artístico, murieron en la indigencia. Sus obras fueron reconocidas mucho después de su muerte, pero durante su vida no disfrutaron de dichos beneficios.

Particularmente, pienso que esos casos pudieran explicarse por el hecho de que estas personas vivieron circunstancias especiales. En el caso de Van Gogh, éste nunca estuvo interesado en la riqueza, y tenía problemas de salud mental, lo cual hacía que buscara vivir aislado del mundo. Y Vermeer, entre otras cosas, se vio afectado por las circunstancias económicas que provocaron las guerras en Europa. En su caso, también le dedicaba poco tiempo a la pintura, por lo que produjo pocas obras.

Al margen de estos casos, que son la excepción a la regla, casi todas las personas que usted pueda conocer que han tenido éxito en su vida, han recibido la abundancia que es consecuencia de estar en alineación y cumplimiento con su MISIÓN.

Otra de las razones que son de peso a la hora de decidir cumplir nuestra MISIÓN es:

Su autoestima se fortalecerá más y más con cada nuevo día que usted cumpla su MISIÓN.

Si usted, de alguna manera, siente que no es bueno para nada, porque nunca ha analizado sus verdaderas cualidades, o siente que nunca ha tenido dones para realizar algo, y piensa que no tiene nada importante que cumplir en este mundo, le digo con certeza: **olvídese de eso.**

El descubrir su MISIÓN lo ayudará a erradicar esas ideas y mejorar mucho esa imagen distorsionada que tiene de usted mismo.

Usted se sentirá útil para este mundo, sentirá que tiene un lugar especialmente diseñado para usted: con necesidades particulares de otras personas que con sus dones usted puede satisfacer perfectamente, y mejor que otros. Sólo es cuestión de que los descubra y los ponga en práctica.

Algunas personas, ya sea por un ambiente familiar hostil, falta de amor o guía, o por compararse con otras personas que probablemente hayan encontrado su MISIÓN desde temprano y los ven trabajar con PASIÓN, tienden a pensar que son menos que los demás.

Esto hace que imiten las MISIONES de otras personas, ya sea por obligación, admiración por dichas personas, o por necesidad. Escogen una VOCACIÓN que no es la de ellos y, en consecuencia, sus dones no se ajustan a dicha VOCACIÓN. De esta manera, sienten que no son tan buenos como las personas que sí poseen dicha VOCACIÓN, y se sienten menos que ellos.

Una vez que usted descubra sus dones: para lo que es bueno, se sentirá renovado, orgulloso, feliz. Ya podrá decir con orgullo al mundo, y a todos sus conocidos, qué es aquello que lo apasiona, y para lo cual es bueno también.

De igual manera, cada día que usted desarrolle sus dones, y trabaje en áreas relacionadas con su MISIÓN, se sentirá más alegre, más feliz, más satisfecho, más en paz consigo mismo. Sentirá que cada día es un maravilloso regalo en el cual usted enfrentará nuevos retos, nuevas oportunidades para desarrollarse y nuevas experiencias que adquirir.

Trabajar todos los días en aquello que le apasiona es algo que nunca lo agotará, nunca se aburrirá de ello, nunca le darán deseos de evitar el trabajo. Es la diferencia entre vivir un día a día feliz y satisfactorio: con multiplicidad de colores, o ver los días pasar, uno tras otro, haciendo tareas rutinarias: en blanco y negro.

Otro motivo que yo pienso que es importante para que usted considere seriamente tomarse en serio la realización de su MISIÓN es:

El realizar la MISIÓN por la que Dios nos ha enviado a este mundo es un acto de OBEDIENCIA y SUMISIÓN al Plan Divino, por lo cual, seremos recompensados en esta vida y en la próxima.

Como dijimos antes, la abundancia es parte de esa recompensa en esta vida, pero si además por eso hacemos méritos para nuestra vida en el más allá, creo que esto significa un premio aún mayor.

Tal vez a algunos lectores le sea más importante su existencia terrenal: las recompensas en este mundo, el dinero, los logros, la fama, etc., ya sea porque no creen en una vida en el más allá, o porque les es indiferente. Sin embargo, les puedo afirmar con seguridad: cada vez que usted haga el bien en este mundo, ya sea por intermedio de su MISIÓN, o por otras formas, usted automáticamente estará acumulando recompensas, bienes y tesoros a futuro.

Y en verdad le digo: que esas recompensas, esos bienes, esos tesoros, que tal vez ahora no podemos vislumbrar desde nuestra actual perspectiva terrenal, son **mucho más valiosos y mucho más satisfactorios** que todos los bienes de esta vida, y en eso creo que coinciden todas las religiones de este mundo.

Tendemos a cuantificar los tesoros de este Universo en términos terrenales, sin darnos cuenta a veces, que nuestra óptica, nuestra perspectiva, es bastante limitada.

Una vez leí una historia de dos niñas que contemplaban un cielo estrellado. La más pequeña le comentaba a su hermana mayor: "¡Qué hermoso es el cielo!". A lo que su hermana le contestaba: "Sí, muy hermoso, y eso que lo observamos al reverso".

Si sentimos que todos los tesoros de este mundo nos impresionan, y nos pueden dar satisfacciones, y éstos, son sólo una muestra, apenas la punta del iceberg que significa la abundancia infinita de los bienes de Dios, ¿cuántas más satisfacciones y alegrías nos podrán dar los bienes eternos?

No quisiera profundizar en este aspecto, ya que no quiero sonar como un predicador, lo cual obviamente no soy. Sin embargo, sólo quiero sembrarle la idea de que al cumplir su MISIÓN usted acumulará BIENES en la otra vida de los cuales no tiene idea de cuan magníficos pueden ser.

Y eso será algo que usted disfrutará por toda la eternidad.

Finalmente, también usted debe tomar en cuenta que:

El cumplimiento de la MISIÓN es un paso intermedio para lograr otras metas u objetivos que deben ser alcanzados en nuestra vida.

Como dije antes, al cumplir su MISIÓN la abundancia más grande se abrirá a usted. Esto le permitirá ampliar más sus horizontes y plantearse nuevos objetivos, metas, etc.

Algunas de esas metas puede incluir el conseguir su pareja ideal, hijos, un hogar, éxitos, reconocimientos, etc., y éstas están asociadas al camino marcado por el cumplimiento de la MISIÓN que Dios nos ha encomendado en este mundo.

De alguna manera, es como si el camino de nuestra mayor felicidad en este mundo tuviera una alcabala, un punto de control, una parada obligada en la realización de nuestra MISIÓN.

Una de las razones de ello, es que gran parte del tiempo de nuestra vida podemos estar dedicándoselo a investigar cuál es nuestra MISIÓN en esta vida: cambiando de empleos, intentando nuevos negocios, nuevos rumbos que nos llevan por caminos que no son los nuestros, etc. Una vez que conocemos nuestra MISIÓN, todo lo demás se hace más fácil, y podemos dedicarle más tiempo de calidad a otros aspectos importantes de nuestra vida: como la búsqueda de pareja, familia, nuevos ideales acorde a nosotros, nuevas metas personales, etc.

De igual manera, sus relaciones personales también mejorarán mucho después de que usted descubra cuál es su MISIÓN.

Parte de los problemas que a veces podemos tener en nuestras relaciones de pareja, o relaciones entre padres e hijos, vienen dado por una imagen distorsionada que podemos tener de nosotros mismos. Una imagen que a veces queremos compensar con nuestras relaciones personales, buscando las satisfacciones que no logramos en nuestra vida profesional en dichas relaciones, y así, recargándolas en exceso.

El trabajar o estudiar algo que no es nuestra VOCACIÓN nos puede llevar a sentirnos en contradicción con nuestro ser, con nuestra esencia, con nosotros mismos, sentir que somos una mentira en alguna parte de nosotros, lo cual, a la vez, afecta la imagen que queremos proyectar hacia otras personas.

He conocido personas que proyectan esa sensación de engaño consigo mismas en sus relaciones y mienten para buscar aceptación, y así compensar el hecho de que no estudian o ejercen aquello que quisieran ser. Sienten que su vida es una mentira porque no estudian, o trabajan, en el área en que ellos muy en el fondo sienten que deberían estar, y siguen mintiendo en todos los demás aspectos de su vida. A veces consciente, a veces inconscientemente, pero de las dos formas dañándose a sí mismos y a sus seres queridos.

Al aceptar cuál es el camino de su MISIÓN, usted se sentirá más en paz consigo mismo, más acorde con ese individuo que usted quiere ser. Ya dejará de sentir que es una persona que no es, y eso redundará en una mayor aceptación de sus dones y de su ser.

Y, lo más probable, es que esa persona ideal que usted siempre ha buscado, esa pareja del alma que ha soñado, aparecerá; y en muchos casos, esa persona compartirá sus metas, sus objetivos, o una MISIÓN muy similar a la suya.

Para poder estar en paz con el mundo hay que estar primero en paz consigo mismo, y cuando usted logre eso, todo aquello que siempre ha soñado será posible.

En conclusión, podemos afirmar que el cumplimiento de nuestra MISIÓN en este mundo nos traerá beneficios ilimitados desde el punto de vista de: la abundancia, autoestima, reconciliación con Dios, recompensas futuras y el logro de otras metas.

7

¿Algunas Misiones son mayores que otras?

Si hasta ahora ha leído con detenimiento el libro, y cumplido los pasos que en él se describen, (lo cual espero que así sea), en estos momentos usted ya debe tener cierto entusiasmo por descubrir y tener certeza de por qué está en este planeta.

Ya debe tener cierta emoción por conocer qué MISIÓN le tiene Dios encomendada en este mundo, con los dones o habilidades que usted ya intuye que posee, y con esa PASIÓN que siempre había sentido por determinada VOCACIÓN, y que no entendía hasta hoy.

Esas son buenas señales, sin embargo, a veces podemos dejarnos llevar por el entusiasmo y pensar que tal vez nuestros dones son para algo grande.

En base a eso, usted ya podría estar pensando que tal vez Dios lo trajo a este Mundo para hacer el invento del Siglo.

O, probablemente, contribuir con su liderazgo a crear un Nuevo Orden Mundial.

Quizás piense que a lo mejor su MISIÓN es crear una nueva tecnología que revolucionará la economía mundial.

Bueno, todo eso suena muy bien, y sería ideal que algunas de las personas que leyeran este libro estuvieran destinadas a marcar historia, pero si no fuera así, tampoco sería algo malo, y no tienen porque sentirse mal por eso.

Y es que los seres humanos a veces tendemos a irnos a los extremos.

Una de las cosas que pienso que durante muchos años me desvió de mi MISIÓN y, en consecuencia, de mi verdadera VOCACIÓN, fue la creencia, nada modesta por cierto, de que si yo tenía una MISIÓN en este mundo tenía que ser algo grande, algo elevado, algo trascendental.

Primer error.

Tendemos a asociar la frase "MISIÓN en este mundo" con algo grandioso, algo trascendental, algo único, y si no es así, si no la vemos en función de esos parámetros, no existe tal MISIÓN para nosotros, estamos aquí para nada.

Eso, como dije antes, es un gran error.

Es lógico y humano pensar que nosotros somos especiales, y que por eso nuestra MISIÓN tiene que ser la más grande de este mundo. Mas, es un error muy grave, circunscribirse a ese estrecho concepto de MISIÓN, y omitir cualquier otra que no cumpla con esos parámetros.

Este análisis no puede hacerse en BLANCO o NEGRO, 0 o 1, VACÍO o LLENO, existe una gran gama de posibilidades entre ambas opciones, y todas pueden ser muy satisfactorias.

La gran mayoría de nosotros asociamos el hecho de cumplir una **MISIÓN en esta vida** con personas que han hecho aportes trascendentales a la Humanidad: inventores, escritores, pensadores, artistas, científicos, líderes, figuras religiosas, filántropos, etc. Creemos que si nuestros dones no están a la altura de esas figuras entonces Dios no tiene nada destinado para nosotros, y nuestra existencia será sólo un paso más por este mundo. ¡FALSO! ¡Absolutamente FALSO!

Como eventualmente usted mismo lo descubrirá, quiero decirle que:

No hay MISIÓN pequeña.

Cada quien viene a cumplir en este mundo una MISIÓN que es igual de importante ante los ojos de Dios. El sistema de valores de Dios no es el mismo que el de los hombres.

Para Dios tiene tanta importancia, en el cumplimiento de su MISIÓN en este mundo, la realizada por un carpintero, como la realizada por un astronauta. Ante los ojos de Dios ambos tienen el mismo peso, la misma importancia. Probablemente para el mundo una MISIÓN tiene mayor resonancia que la otra, pero, para Dios, lo que importa es que sus creaciones cumplan con aquello para lo cual han sido encomendados.

Obviamente, ha habido personas con mayores responsabilidades, mayores dones, mayores obligaciones en este mundo, pero si han tenido esas responsabilidades es porque su capacidad de asumirlas ha sido mayor. Han ido creciendo en dones, habilidades, capacidades y, a medida que han crecido, sus MISIONES se han elevado y crecido con ellos. Como veremos más adelante, la MISIÓN de una persona en este mundo puede evolucionar a medida que pasa el tiempo, pero esto sólo es posible por la motivación, preparación y crecimiento que pueda tener dicha persona.

Para darle un ejemplo sencillo de que no hay MISIÓN pequeña: imagine un automóvil con todas sus partes, y suponga que usted debe definir cuál de todas las partes de dicho vehículo tiene una MISIÓN más elevada, o más importante en el funcionamiento del vehículo. Algunos pudieran decir con certeza que el MOTOR, sin embargo, otros pudieran argumentar que sin los CAUCHOS no habría movimiento. Otros pensarían en la seguridad y dirían que la CABINA del vehículo, y así sucesivamente. Lo cierto, es que cada parte del vehículo tiene una MISIÓN importante en el funcionamiento del mismo, y esto es tan sencillo como que sino no fueran parte del vehículo. Hasta la más mínima tuerca, apretando las fijaciones de las partes mecánicas del auto, cumple una función fundamental en la MISIÓN general del vehículo.

¿Y por qué la cumple?

Porque cada parte tiene características inherentes a su función que la hacen especialmente idónea para su MISIÓN particular. Los cilindros del motor son importantes para el vehículo y su funcionamiento, pero no servirían para usarse como método de sujeción de otras partes; para ello sirven perfectamente las tuercas.

¿Comprende usted mejor que no existe MISIÓN pequeña, sino que cada MISIÓN individual tiene una importancia relevante o significativa para los logros del Plan Mayor que existe en este mundo?

Usted es una "pieza hecha a pedido" para la MISIÓN que debe cumplir en este mundo. Una pieza que encajará perfectamente en el entorno en el cual usted vive y ha crecido.

Como ejemplo, también se me ocurre por momentos la siguiente historia:

Érase una vez un pequeño clavo que vivía entre las herramientas del taller de mantenimiento del Museo de Louvre. Este CLAVITO se sentía triste porque, a diferencia de las herramientas del taller, éste no cumplía una gran MISIÓN. Todas las noches, oía como el MARTILLO fanfarroneaba de cuánto trabajo había tenido durante el día ayudando a los trabajadores del Museo. Se vanagloriaba de su cabeza de acero al carbón: fuerte y perfecta para muchos trabajos, y su mango de madera: resistente y de gran sujeción. De igual manera lo hacía el DESTORNILLADOR, otro tanto lo hacían las LLAVES DE TUERCAS, la BROCHA de pintura y todas las herramientas del taller. Las charlas eran muy animadas y competían entre sí para saber quién había sido más útil durante el día.

Todo esto hacía que el CLAVITO se sintiera mal, inútil, ya que en todo ese tiempo no había hecho nada importante. Sólo tenía su cabeza de acero reforzada y su cuerpo alargado, perfectamente afilado en la punta. Sentía que no tenía cualidades que le permitieran ser de tanta utilidad en su vida como el martillo o el destornillador.

Un buen día el jefe del taller se llegó al mismo porque necesitaba una pieza de gran importancia. Un cuadro de mucho valor acababa de llegar al museo, y necesitaba ser sostenido para que las personas pudieran admirarlo al visitar el museo. Todas las herramientas buscaron ponerse al alcance del hombre para ser escogidas, mas, sin embargo, él sólo se llevó al MARTILLO y al pequeño CLAVITO.

El MARTILLO pensó "ésta es mi gran oportunidad para que todos me conozcan y dejar mi huella en este mundo".

Mas, una vez en el sitio, éste sólo sirvió para asegurar el CLAVITO en la pared. Una vez fijado, el CLAVITO se vio sorprendido porque había sido escogido. Sin embargo, una vez ahí, se dio cuenta de que sus características eran las idóneas y perfectas para sostener ese cuadro. Era fuerte, su cuerpo estilizado se adhirió profundamente a la pared y su cabeza lo ayudaba a sostener mejor la soga del lienzo. Se sintió orgulloso porque era perfecto para su MISIÓN y, desde ese día, se dedicó a aguantar con su cabeza esa pintura ante la cual todos los visitantes del museo se detenían y admiraban. Una pintura que al parecer era muy valiosa.

Una tal "Mona Lisa" y pintada por un tal Da Vinci.

No tengo seguridad de que la "Mona Lisa" sea sostenida por uno o varios clavos en la pared, pero lo que si sé es que una pintura de más de 100 millones de dólares sólo necesita unas pequeñas fijaciones para poder ser exhibida ante el mundo y ser admirada por millones de visitantes, y que gracias a esas fijaciones esto puede ser logrado.

Todos tenemos cualidades que nos hacen perfectos para nuestra MISIÓN en este mundo. El hecho de que algunas personas tengan cualidades o dones más llamativos que los nuestros no significa que los de nosotros desmerezcan.

La Historia generalmente nos refleja la vida de aquellas personas que, de alguna manera, han hecho una contribución determinante para la Humanidad en algunos campos. Pero ahora con certeza le afirmo: que esa Historia no refleja la contribución de millones de seres humanos que, a lo largo de su paso por este mundo, han hecho cosas **útiles, fundamentales y necesarias** para el desarrollo de este mundo y la civilización. Millones de héroes anónimos de los cuales sólo Dios conoce sus méritos, y que fueron, han sido, o serán, recompensados de la misma manera que los conocidos.

Una de mis frases favoritas, por su modestia implícita, se la escuché a Julia Roberts en 1993: "sólo soy una persona ordinaria con un trabajo extraordinario". Y ella debe saberlo, ya que es una de las actrices mejor pagadas del mundo.

La actuación es un trabajo muy publicitado, y con mucho glamour. Es un trabajo extraordinario, pero no por eso su aporte es más extraordinario que el de otras profesiones, tan sólo es más publicitado, más conocido, más famoso.

Acostumbramos a desmerecer, o subestimar algunas profesiones, porque no tienen el mismo glamour que otros trabajos. Acostumbramos minimizar la MISIÓN de otras personas, o la de nosotros mismos, porque las comparamos con la MISIÓN o los aportes que han hecho figuras de la Historia, y esto es un error. Un error grave que nos ciega y no nos deja escoger con orgullo cuál es nuestra verdadera VOCACIÓN y, por ende, nuestra MISIÓN.

Dios conoce mejor que nadie para qué es usted bueno, no le exigirá nunca más de lo que usted puede dar y, por supuesto, que tampoco menos. Imagine una mesa con varios vasos de diversos tamaños: algunos pequeños, otros medianos y otros gigantes con más capacidad. A la hora de llenarlos de líquido a su tope, ninguno puede recibir más porque se desbordaría, y ninguno recibiría menos porque quedaría medio vacío, mas, lo cierto es, que al llenarlos a su capacidad máxima **todos quedarían llenos**, y así cumplirían su MISIÓN, la cual es almacenar líquido.

De su preparación, estudios y crecimiento como ser humano, dependerá de que usted como vaso crezca en capacidad, y así lograr esas cosas trascendentales que usted pudiera desear realizar. Pero eso sólo dependerá de usted, de cuan importante sea eso para usted.

Un ejemplo de que aun usted escogiendo una profesión no glamorosa, pero que usted haya identificado como su PASIÓN y su VOCACIÓN, a la larga le puede dar todos los éxitos que usted pudiera haber soñado o deseado, podemos verlo en la historia de Jonathan Antin, conocido estilista de cabello de Hollywood.

Antin fue protagonista hace unos años de su propio *reality show*, "*Blow out*" [(3)], en el cual se mostraban sus venturas y desventuras al momento de inaugurar un nuevo salón de belleza en la selecta zona de Beverly Hills, Los Ángeles, California.

Al margen de los sinsabores que se reflejan en el programa, (debido a las presiones de tener que inaugurar el local a tiempo, contratar nuevos peluqueros, administrar el negocio, etc.), el *show* muestra cómo una persona, en este caso Antin, que demuestra PASIÓN por su trabajo, puede alcanzar el éxito y la fama en una profesión tan sencilla, como lo es arreglar y cortar el cabello.

Y eso lo puede lograr porque cortar el cabello es su PASIÓN: cortar el cabello es su VOCACIÓN.

Y lo hace bien, gracias a que sus DONES: sentido de la estética, perfeccionismo y gran técnica se lo facilitan, lo cual, ha hecho que se gane una buena reputación entre su clientela.

Es de destacar que, a lo largo de los diferentes episodios, se observa como él se siente mejor, y más ausente de los problemas de sus salones de belleza, cuando se dedica a atender a su clientela y cortar el cabello. Esa es su PASIÓN.

Y gracias a esa PASIÓN que lo ha dirigido a cumplir su MISIÓN, la cual pudiera ser:

"Ayudar a las personas a lucir bien para que estas a la vez se sientan bien consigo mismas."

se le ha generado todo tipo de abundancia y recompensas, así como cierta fama y reconocimiento.

Para el final de la tercera temporada de su programa, ya Jonathan Antin disponía de: dos salones de belleza, una línea de productos con su propio nombre, múltiples solicitudes de trabajo y, además, el reconocimiento y amistad de numerosas personalidades de Hollywood.

Y esto lo ha logrado siendo estilista de cabello.

Una profesión que la mayoría de las personas no la asociaría con la fama y el éxito, mas, sin embargo, Jonathan las ha logrado alcanzar. Esto motivado principalmente a su deseo de superación y capacidad de trabajo, los cuales, asociados con el cumplimiento de su MISIÓN, son casi garantía de éxito en cualquier área de este mundo.

En conclusión, la enseñanza que debemos aprender de este capítulo es que NO HAY MISIÓN PEQUEÑA. Ante los ojos de Dios, su MISIÓN en este mundo es importante. No se sienta menos si su VOCACIÓN o PASION no es una profesión glamorosa. Todas las profesiones de este mundo son bendecidas por Dios y su aporte a este mundo son de igual importancia.

8

¿Es mi Misión algo estático?

Tal vez, una de las ideas que pudiera estar en estos momentos amaneciendo en su mente es: ¿una vez que descubra mi MISIÓN, a través de mi VOCACIÓN, implicará necesariamente que haré sólo eso durante el resto de mi vida?

Es bueno hacer algo que me apasione y para lo cual tengo dones, pero: ¿estoy destinado a hacer eso toda mi vida?

¿No me aburriré? ¿No existe ese riesgo?

Bueno, la respuesta más indicada que se me ocurre en este momento es que probablemente:

Usted evolucionará en su MISIÓN.

El ser humano, a lo largo de su vida, sufre un proceso de evolución y aprendizaje. A medida que acumulamos experiencias, acumulamos nuevos conocimientos y, en función a esos nuevos conocimientos, podemos hacer más y mejores cosas.

Tomando como referencia la DEFINICIÓN, pudiéramos decir que la PASION se mantiene siempre viva, igual, tal vez ni aumente, ni disminuya, pero la CANTIDAD DE DONES O HABILIDADES consecuencia de los conocimientos adquiridos, ya sea por la experiencia o mayores estudios, aumentará nuestra capacidad de HACER EL BIEN A LOS DEMÁS.

Por consiguiente, pudiéramos estar capacitados para labores más elevadas y, en consecuencia, tener una MISIÓN mayor.

Todo dependerá de nosotros mismos, de nuestros deseos de superación, de querer y poder dar más, de nuestra capacidad para ocupar mayores puestos en este mundo.

Para citar un ejemplo: una persona puede iniciarse con PASIÓN en el mundo de la medicina. A medida que pasen los años acumulará experiencias y estudios que le permitirán intuir, él mismo, nuevas y mejores maneras de hacer procedimientos médicos, y así, eventualmente, se sienta motivado a incursionar en la investigación o en la enseñanza.

Con la investigación, pudiera hacer nuevos descubrimientos que permitirían procedimientos con menos riesgos para los pacientes, o si incursiona en la enseñanza, puede transferir sus conocimientos a nuevas generaciones de médicos que, a su vez, podrán utilizarlos para salvar muchas más vidas.

Su VOCACIÓN es la misma, su PASION es la misma, sin embargo, sus dones o habilidades HAN AUMENTADO y, por ende, su capacidad de HACER EL MAYOR BIEN POSIBLE A LOS DEMÁS.

En consecuencia: su MISIÓN ha crecido.

Otro ejemplo pudiera ser una persona que le apasiona la CARPINTERÍA. Se inició trabajando para alguien, pero, a medida que ganaba habilidades y conocimiento del oficio, se atrevió a abrir su propio negocio. Luego prosperó, aprendió administración y, con el tiempo, logró crear una red de tiendas de muebles de madera.

¿Sólo porque le apasionaba trabajar con madera estaba destinado a trabajar en eso siempre?

No.

A medida que pasaba el tiempo, fue aprendiendo detalles relacionados a la administración del negocio de la madera: la atención a los clientes, el manejo de los pedidos, etc. Es decir, sus DONES o HABILIDADES aumentaron. Esos dones los puso a trabajar en la creación de una red de tiendas, con la cual pudiera atender las necesidades de muebles de madera de más personas, y así, aumentó su capacidad de HACER EL MAYOR BIEN POSIBLE A LOS DEMÁS.

En consecuencia: su MISIÓN evolucionó.

Cada una de las experiencias que hemos tenido en esta vida nos deja un aprendizaje, ya sea bueno o malo, es un aprendizaje que se incorpora a nuestro repertorio, a nuestras capacidades, a nuestros dones y, es en función a ese repertorio que nuestra MISIÓN en CAPACIDAD evoluciona; es parte de la vida de todo ser humano.

De hecho, una de las razones por las que pienso que no se me dio una respuesta específica, cuando rezaba pidiendo orientación respecto a mi MISIÓN, es por eso mismo: de habérseme dado una respuesta específica yo hubiera podido pensar que mi MISIÓN para toda la vida era esa respuesta específica, y no una MISIÓN en evolución constante: dinámica. Al analizar la DEFINICIÓN, me pude dar cuenta de que yo mismo, o cualquiera, podemos encontrar una respuesta diferente a medida que pasen los años, ya que los conocimientos o capacidades pueden ir en aumento y, en consecuencia, nuestra MISIÓN particular es diferente en cada instante de nuestras vidas.

Por este mismo hecho también podemos concluir que:

Nunca es tarde para cumplir nuestra MISIÓN.

Tal vez podamos haber omitido una parte de nuestra MISIÓN en la juventud, o en la madurez temprana, ya sea por desconocimiento de nuestras aptitudes, incorrecta guía vocacional, o malos pasos que nos desviaron de nuestro verdadero destino. Sin embargo, siempre tendremos la oportunidad de retomar nuestro camino y empezar de cero, una vez que descubramos cuáles son nuestras aptitudes y, por ende, nuestra MISIÓN para ese momento en particular.

De hecho, puede pasar que lo que nosotros consideremos tiempo perdido, o años perdidos, hayan sido necesarios para que creciéramos como personas hasta el descubrimiento de nuestra MISIÓN en ese instante del tiempo, y gracias a esas experiencias, tengamos las capacidades necesarias para cumplirla. Los caminos de Dios son a veces inescrutables.

También, se hace necesario señalar, que si deseamos una MISIÓN más elevada de la que podamos estar realizando en los actuales momentos, o si deseamos que nuestra MISIÓN evolucione hacia cosas mayores o transcendentales, es condición necesaria y fundamental el que cumplamos satisfactoriamente nuestra MISIÓN actual.

A riesgo de ser redundante u obvio, creo que todos podemos darnos cuenta de que en esta vida siempre vamos superando grados o niveles de aprendizaje: al aprobar un grado pasamos al siguiente. Y esto no es sólo en la escuela, en la Universidad o en el mundo profesional. La vida misma nos va preparando para responsabilidades o retos mayores, y la condición necesaria y fundamental para que surjan esos retos mayores en nuestra vida es haber cumplido satisfactoriamente los retos anteriores: nuestras MISIONES anteriores.

Sólo así el Universo tendrá certeza de que usted está preparado para nuevas responsabilidades y, en consecuencia, para una MISIÓN más elevada.

Por lo anterior, también podemos concluir que no estamos atados a una sola ubicación geográfica, o a una sola empresa para cumplir nuestra MISIÓN. El Universo de vez en cuando nos abrirá nuevas oportunidades: con nuevos lugares, nuevos retos, nuevas posibilidades para poder crecer más como personas y enriquecer nuestras capacidades.

Una de mis películas favoritas de siempre ha sido "*Forrest Gump*" (4), entre otras cosas, por la gran actuación de Tom Hanks, y especialmente por la historia en sí.

Para los que nunca hayan tenido la oportunidad de ver dicha película, basada en el libro homónimo de Winston Groom, ésta relata las aventuras ficticias de un muchacho que nace con problemas de leve retraso mental, y recorre el mundo con su particular manera de ver las cosas: sencilla y a veces inocente. La película también hace una retrospectiva de algunos de los principales eventos culturales y políticos de los Estados Unidos, desde los años 50 hasta comienzos de los 80.

La escena inicial de dicha película muestra una pluma flotando en el aire, la cual es llevada por el viento en diversas direcciones y sin oponer resistencia. Analogía que me parece perfecta con el mismo Forrest, ya que por sus obvias discapacidades no tenía el discernimiento para rechazar las oportunidades que se le abrían en la vida. En pocas palabras, él era como una pluma que se movía en la dirección que lo llevara el viento.

Al margen de que es una historia ficticia, el mensaje me parece muy positivo. Forrest nunca hizo resistencia al viento: cuando estaba en la preparatoria le ofrecieron jugar fútbol americano, y él aceptó, con lo cual pudo ingresar a la Universidad. Una vez graduado le ofrecen entrar en el ejército y él acepta: no ofrece resistencia a esa oportunidad. Su estadía en el ejército lo ayuda a conocer a su mejor amigo, y enfrentar la muerte, lo cual lo ayuda a crecer como persona.

En memoria de su amigo muerto, decide después iniciar un negocio de pesca de camarones, lo cual a la larga le rinde muchos beneficios.

Es decir, nunca se resistía a lo que le ofrecía el Universo y esto le proporcionaba nuevas experiencias, nuevos conocimientos, nuevos rumbos.

A pesar de que, como dije antes, es una historia ficticia, debemos aprender un poco a ser como Forrest Gump: inocentes, puros de corazón, y reconocer los cambios de dirección del viento: no resistirnos, dejarnos llevar y flotar pacíficamente, como una pluma.

Otra de las cosas que más admiro de la historia, y que está relacionado con la definición de la MISIÓN, es cómo, a pesar de sus inconvenientes, Forrest Gump logra utilizar lo que al principio eran limitaciones como habilidades, y dichas habilidades lo ayudan a cumplir sus metas.

Para los que estén familiarizados con la película, recordarán cómo al principio tenía la columna desviada, razón por la cual le colocan correcciones ortopédicas en las piernas para poder enderezársela. Eso motivó que, a la larga, tuviera piernas fuertes, las cuales lo hacían correr como nadie, y que más tarde le ayudarían más de una vez en su vida: jugando fútbol americano y salvando su vida en la guerra.

Utilizando su única HABILIDAD, sus piernas fuertes, logró cumplir con éxito su MISIÓN mientras era joven.

Posteriormente, descubrió que tenía un talento natural para el ping pong mientras hacía su Servicio Militar y, gracias a eso, representó a los Estados Unidos internacionalmente.

Sin embargo, creo que la mejor lección que nos deja la película se reserva casi para el final cuando, después de haber vivido incontables aventuras, Forrest está acompañando a su madre enferma en la cama y hablan sobre el destino: un sinónimo de MISIÓN. Ella le dice:

"Sucede que yo creo en que uno mismo hace su destino. Tienes que hacer lo mejor con lo que Dios te dio".

A lo que él le pregunta:

" ¿Y cuál es mi destino, Mamá?".

Ella no acierta a darle una respuesta, y le dice que él mismo tendría que descubrirlo. Mas, lo cierto es que dicha revelación no llegaría sino hasta el final de la película.

Analicemos su historia: un muchacho con limitaciones de aprendizaje, cuya única cualidad era tener piernas fuertes o, posteriormente, habilidad para el ping-pong. Había logrado mucho más de lo que uno hubiera podido esperar, pero había aún unas cualidades que no habían sido aprovechadas, a pesar de que siempre estuvieron presentes en toda la película: sus sentimientos, su capacidad de dar amor.

Es así como al final se revela cuál sería la parte final de su MISIÓN en esta vida expresada en:

la llegada de un hijo.

Con certeza, puedo contestarle a Forrest ahora que: su destino, su MISIÓN, aquella verdadera MISIÓN para la cual la vida lo preparó tan anticipadamente era: cuidar de su hijo.

Esto nos lleva a la pregunta:

¿El ser padre o madre puede ser considerado como una MISIÓN en este mundo?

Eso lo analizaremos en el próximo capítulo, mas, sin embargo, la idea principal que debemos internalizar en este capítulo referente a nuestra MISIÓN es:

La MISIÓN de nuestra vida no es algo estático. Es algo dinámico y que evoluciona de acuerdo a nuestras habilidades. Aprendamos a reconocer los cambios que el Universo nos ofrece, y dejarnos llevar por el viento, sin resistencia, como una pluma, así como lo hacía Forrest Gump.

9

¿Amar a una persona puede ser una Misión?

Es bastante conocido el hecho de que muchas personas, a veces inspirados por el amor, tienden a declarar que su MISIÓN en esta vida es ser devota a un determinado ser querido: amar y cuidar a una persona. Otros declaran que viven dedicadas a su familia, a sus hijos, y que esa es su única MISIÓN en este mundo.

Creo que se hace necesario hacer un análisis para determinar si, cuando una persona dice que ama a otra y dedica su vida a ella: a cuidarla, a velar por ella, a estar a su lado, etc., se puede considerar en sí como una MISIÓN. Ya sea el amor a una pareja, un esposo o una esposa, un hijo o un amor de muchos años.

Pienso que lo primero que debemos hacer, en este sentido, es aplicar la DEFINICIÓN, y ver que tan bien se ajusta a sus criterios.

El primer caso que pudiéramos considerar es el de las parejas románticas.

Algunas personas se enamoran perdidamente de alguien, y dejan todo por dicha persona.

Lo primero que uno debe analizar es si dicho amor es un amor genuino y desinteresado, o una obsesión malsana. Muchas veces, es difícil detectar la diferencia, pero, sea cual sea el caso, al aplicar la DEFINICIÓN podemos observar que dedicarse a una sola persona con devoción, sacrificando sus propios intereses, pudiera no ser del todo una MISIÓN. Hagamos el análisis respectivo:

1) ¿Existe PASION por la persona? Sí. Obviamente debe haber PASION por esta persona para dejarlo todo por ella. Para amar de verdad hay que sentir PASIÓN por el ser amado.

2) ¿Se tienen los DONES o CUALIDADES para amar a esa persona? Sí, también se pudiera suponer, con bastante certeza, que las cualidades de la persona deben ser compatibles con el ser amado para que haya amor. Para enamorarse debieron haber descubierto cualidades el uno en el otro para sentirse atraídos e identificados plenamente. También se puede suponer que debe haber cariño, amor y dedicación entre los dos, cualidades necesarias para que en una relación exista cierto grado de devoción mutua.

3) ¿Se hace el MAYOR BIEN POSIBLE CON ELLO? Bueno, aquí es donde la DEFINICIÓN pudiera marcar la diferencia entre el hecho de si, amar a dicha persona pudiera considerarse una MISIÓN, o no. Si la persona ha abandonado sus estudios, profesión o carrera para hacer feliz a su ser amado, dedicándose a hacer feliz **únicamente** al objeto de sus amores, y con este amor no se contribuye a que su pareja, o ambos, realicen un gran BIEN A LOS DEMÁS, esto PUDIERA NO SER UNA MISIÓN.

Mas aún, si ha sido su pareja la que le ha pedido que renuncie a todo por dedicarse únicamente a ella.

El amor es ante todo desinteresado, incondicional. Si usted ama a alguien, y a la vez ese alguien le permite a usted crecer como persona, como profesional, y como ser humano, entonces, dicho amor es compatible con su MISIÓN en este mundo, mas no es toda su MISIÓN.

De hecho, es común ver parejas que, gracias a que sus DONES o HABILIDADES son complementarios, pueden cumplir mejor sus MISIONES en este mundo a través de la mutua cooperación o apoyo.

Es usual ver parejas que comparten intereses, la misma pasión por sus profesiones, talentos similares y, al conocerse, suman habilidades y dones que les hace más fácil cumplir cada uno su MISIÓN particular, o una MISIÓN común.

Hay una frase de Antoine de Saint-Exupery que resume perfectamente esta idea:

"Amar no es mirarse el uno al otro, es mirar juntos en la misma dirección".

Si, en cambio, su pareja está cumpliendo una labor muy importante en este mundo, una tarea que le requiere mucho tiempo y a través de la cual realiza un GRAN BIEN A LOS DEMÁS, y usted, con su amor y apoyo, lo ayuda a que pueda cumplir mejor con esa MISIÓN, entonces, este amor de su parte sí puede considerarse como una MISIÓN, ya que usted está contribuyendo indirectamente a que se realice un GRAN BIEN A LOS DEMÁS.

Hay una frase muy popular que dice "detrás de todo gran hombre existe una gran mujer", y esto es cierto, la gran mayoría de las veces es cierto. ¿Cuántos grandes líderes del mundo, o visionarios, no han tenido una esposa, o mujer, que los apoye?, ¿alguien que los aliente y les dé apoyo en los momentos más difíciles de sus vidas?, ¿una compañera con quién consultar sus decisiones, sus pasos?

¿Cuánto hubieran podido lograr estos hombres si no hubieran tenido a esas grandes mujeres a su lado?

¿Cuántas metas habrían podido alcanzar sin su apoyo, su compañía, su solidaridad y, especialmente, su amor?

En mi caso particular, pudiera citar el ejemplo de mis abuelos paternos: Yolanda y Pedro Linares, ambos ya fallecidos. Mi abuelo fue un abogado cuya MISIÓN en esta vida lo llevó a diferentes partes del mundo. Ejerció su carrera con PASIÓN, y esto hacía que el viento lo llevara a diferentes asignaciones en varios países. A su lado, siempre tuvo a mi abuela, quien lo acompañó con amor y devoción durante prácticamente toda su vida.

Mi abuela no estudió una carrera universitaria, ni ejerció ningún trabajo, pero toda su vida dedicó toda su energía, toda su PASIÓN, y todo su cariño, en cuidar y hacer feliz a mi abuelo, y posteriormente a criar a mi Padre.

Su dedicación se veía reflejada en la manera tan especial como cuidaba del hogar, sus constantes atenciones para mi abuelo, y en siempre estar a su lado cada vez que lo necesitaba.

Más de una vez, cuando yo comía en su casa, me preguntaba cómo hacía para que todas sus comidas: almuerzos, meriendas y cenas, quedaran siempre tan bien preparadas. Tenía una mano mágica para que todo quedara de la mejor manera posible, con el mejor sabor, el mejor gusto, la mejor preparación.

Tiempo después, entendí porque todo le quedaba tan bien, cuál era su ingrediente secreto a la hora de cocinar, y creo que esto aplica para todas las abuelas del mundo. Usted mismo se podrá dar cuenta la próxima vez que cene en casa de su abuela o madre.

Y es que dicho ingrediente secreto para las comidas de todas las abuelas de este mundo no es otro que el **amor**.

Ese **amor** por hacer las cosas bien para uno o varios seres queridos. Ese **amor** que se traduce en PASIÓN por cuidar el más mínimo detalle, y que la comida quede de la mejor manera posible. Esa PASIÓN por hacer el MAYOR BIEN POSIBLE, con lo más sencillo que pueden hacer, como lo es cocinar o atender en los más mínimos detalles a sus seres amados.

¿Se imagina usted una MISIÓN más maravillosa que esa?

También debo mencionar que no sólo grandes hombres han tenido a grandes mujeres a su lado. Muchas mujeres líderes de la Historia también han reconocido que sus parejas han sido su mejor apoyo en algunos momentos.

Sin embargo, con esto no quisiera alentar a algunas personas a creer que buscar a una persona especial pueda ser una MISIÓN en esta vida.

Algunas personas parecieran creer que a menos que tengan a alguien a su lado no podrán cumplir su MISIÓN, y se dedican a tiempo completo a buscar pareja: esposo o esposa. Se obsesionan por encontrar un compañero y descuidan otros aspectos de su vida: estudios, trabajo, familia, etc. Pienso que la mejor manera de encontrar ese compañero ideal en nuestra vida es, primero que nada, orientarnos en nuestro camino, en nuestra MISIÓN, y cuando menos lo esperemos, esa persona ideal aparecerá, y entonces, parte de esa energía en hacer el bien a los demás, parte de esa renovada PASIÓN por la vida, podremos dedicársela a esa persona especial. Lo más probable, es que, como dije antes, ustedes compartan intereses, tal vez una MISIÓN común en este mundo y, al conocerse, puedan hacerlo mejor juntos.

Como vimos antes, la abundancia más grande le es concedida a usted una vez que empiece a cumplir su MISIÓN, y parte de esa abundancia, puede incluir todo el amor que usted alguna vez soñó de una persona especial.

En conclusión, pudiéramos afirmar que amar a alguien puede considerarse una MISIÓN, siempre y cuando no degenere en una PASIÓN OBSESIVA que haga que la persona disminuya su capacidad de hacer el bien a los demás y, este amor, pueda funcionar como un complemento, un apoyo, para la MISIÓN del ser amado.

El amor es algo que nos enriquece y nos permite crecer espiritualmente, y más aún, eleva nuestro espíritu humanitario, nuestra capacidad de amar y dar a los demás. Es el mejor apoyo e inspiración que podemos sentir para cumplir con más entusiasmo y felicidad nuestra MISIÓN en este mundo.

El segundo caso que debemos considerar es la función maternal o paternal como una MISIÓN en este mundo.

Muchas personas en su vida dejan estudios o trabajos para dedicarse a un hogar, y a cuidar a los niños mientras su pareja se dedica a trabajar. Es el caso de muchas mujeres que pueden decidir dedicarse a cuidar de la casa, y criar a los niños, mientras su esposo, o pareja, se dedica a procurar el sustento diario de la casa.

Pienso que el ser padre o madre es una de las labores más elevadas que puede cumplir un ser humano en esta vida, y no hablo sólo de la función biológica de concebir, sino del rol de ser madre o padre.

Una vez más, apliquemos la definición:

1) ¿Existe PASIÓN por un hijo? Sí, como dijimos antes, el amor es una de las formas de PASIÓN más grande que puedan existir. Desde el primer momento que se sabe de la existencia de ese hijo los padres sienten amor hacia él.

2) ¿Se tienen los DONES o CUALIDADES para ser Padre? Sí, la gran mayoría de los seres humanos tenemos instintos maternales, o paternales, inherentes a nuestra condición. Algunos con más fuerza que otros, pero casi todos, en menor o mayor condición sabemos como amar, cuidar y proteger a un hijo.

3) ¿Se hace el MAYOR BIEN POSIBLE con ello? Sí. Difícilmente haya una labor más elevada que cuidar de un ser humano que viene a este mundo y velar por él.

Alguien pudiera en estos momentos pensar, al leer estas líneas, que una vez que uno tiene un hijo su MISIÓN es automáticamente ser PADRE o MADRE para siempre, y no debe preocuparse ya por más nada. Al fin y al cabo, cuidar y amar un hijo es una labor de muchos años. Sin embargo, como vimos antes, la MISIÓN del ser humano evoluciona, no es estática, y como vimos en el ejemplo de "Forrest Gump", ésta se cumplirá cuando llegue el momento, no antes.

También, los hijos crecen, maduran y se independizan. Si bien es cierto que los padres siempre velarán por sus hijos a lo largo de toda la vida, hay un momento que éstos ya son capaces de vivir por su cuenta, enfrentar al mundo, y cumplir ellos mismos con su MISIÓN. A partir de ese instante, se puede considerar, si esta persona creció y se desarrolló como una persona de bien, que la MISIÓN de los PADRES hasta ese momento ha sido cumplida.

Luego de esto, pueden enfocar más de sus energías en otros aspectos de su vida que, a lo mejor, quisieran dedicarle tiempo o simplemente esperar a que el viento los mueva de nuevo, como la pluma de "Forrest Gump".

En mi concepto, no hay MISIÓN más elevada que criar y educar a un hijo en este mundo, y creo que Dios así lo ve. Lamentablemente, hay personas que se sienten menos por no haber hecho grandes logros en su vida, ya sean económicos, académicos o profesionales. Sin darse cuenta, han dado todo de sí para criar unos hijos, a veces trabajando con mucho esfuerzo, e incluso con privaciones, y no se percatan de que su mejor aporte a este mundo son unos hijos que podrán ser su orgullo a futuro.

Con esto no quiero decir que si una persona tiene intereses, una vocación desarrollada, una carrera, etc., y por cuestiones de la vida es madre o padre, deba olvidar su VOCACIÓN y dedicarse sólo a su hijo. No. Pienso que ambas funciones son compatibles. La MISIÓN evoluciona y crece.

Lo que sí quiero decir es que si alguien decidiera, por su propia voluntad, dedicar toda su energía, toda su PASIÓN, toda su vida a criar a sus hijos, en detrimento de una carrera, unos estudios o un trabajo, entonces sí puede considerarse una MISIÓN, y como dije antes, una de las MISIONES más hermosas del mundo.

En mi caso particular, también tengo el ejemplo de mi abuela materna: Digna de Fernández. A diferencia de mi abuela paterna, mi abuela Digna enviudó relativamente joven y quedó con la responsabilidad de criar a 11 hijos pequeños. Mi abuela nunca cursó estudios universitarios, tampoco ejerció una profesión reconocida, su única labor en esta vida fue cuidar de sus hijos, educarlos, alimentarlos y garantizarles un techo, ya que siempre estuvo dedicada a las labores del hogar.

Hoy puedo decir con certeza: que la MISIÓN principal de mi abuela en este mundo, que duró más de 50 años, fue satisfactoriamente cumplida el día que se casó su hijo menor.

Para su satisfacción, y de todos nosotros, sus 11 hijos se casaron, trabajan, viven independientemente, y éstos, además, le han traído más de 25 nietos a mi abuela, entre los cuales me incluyo.

Nuevamente le pregunto: ¿se imagina usted una MISIÓN más elevada que esta?

Hoy, mi abuela puede dedicar su vejez a descansar y disfrutar de sus nietos, con la más plena seguridad de que su principal MISIÓN en este mundo estuvo más que satisfactoriamente cumplida.

En conclusión, podemos afirmar con seguridad que dedicarle parte de nuestra energía, tiempo o esfuerzos a un ser querido puede ser considerado una MISIÓN, siempre y cuando se cumplan las condiciones que definen a la MISIÓN, y dicha dedicación ayude a nuestro ser querido a cumplir su MISIÓN en este mundo. También, dicho amor debe ser algo que no nos cause sinsabores. Amar a alguien debe ser algo satisfactorio, que, como toda actividad, nos devuelva satisfacciones, recompensas y alegrías, no lo contrario.

De igual manera, criar a un ser humano es una de las MISIONES más elevadas y de más responsabilidad que Dios le puede confiar a una persona.

10

¿Cómo podemos prepararnos mejor para cumplir nuestra Misión?

Una vez que usted tenga una intuición, o si mejor aún, ya tiene la certeza sobre cuál es su MISIÓN en este mundo, y en consecuencia su VOCACIÓN, llega el momento de alistarse de la mejor manera posible para cumplirla.

Este paso generalmente implica la preparación, la constancia y la determinación.

Empecemos por la **preparación**.

Verá, no importa cuántos posibles talentos natos pueda usted tener para determinada área, o cuánta pasión y entusiasmo pueda sentir por algo: eso no funciona a la hora de conseguir trabajo o de impresionar a un empleador.

Este mundo está determinado por credenciales, títulos, cursos y preparación a todos los niveles.

Para algunas personas esto pudiera ser tedioso: ¿para qué estudiar si tengo talento para algo?

Pero he ahí lo bueno del asunto. Esa misma PASIÓN, que lo hace sentirse inclinado a dicha VOCACIÓN, se reflejará en su interés por aprender más y adquirir más conocimientos.

En consecuencia, su rendimiento académico será el mejor posible, y sus notas lo reflejarán. No será una tortura para usted estar horas y horas metido entre libros y clases ya que disfrutará aprender todo lo relacionado con su VOCACIÓN.

Pienso que si uno observa el rendimiento académico de una población estudiantil, en algunos institutos o universidades, se puede intuir cuáles son aquellos estudiantes que están en la carrera que realmente es su VOCACIÓN, ya que les apasiona, les gusta. Son estudiantes que generalmente sobresalen, pasan más horas estudiando, y son líderes en sus grupos. Estudiantes que están en sintonía con su MISIÓN.

También, considero que no se deben poner límites en la capacidad de aprendizaje a la hora de buscar prepararse para su MISIÓN. Ningún conocimiento adquirido en nuestra área será superfluo a la hora de cumplir nuevos retos relacionados con nuestra MISIÓN en esta vida. Siempre, a la larga, habrá alguna manera de aprovechar todo lo aprendido. Creo que toda experiencia de trabajo o estudio en esta vida nos deja aprendizajes que tarde o temprano utilizaremos. Es parte de nuestro **crecimiento** y **evolución** como personas.

Otra de las razones que usted debe considerar, sobre porqué es necesario estar más preparado para cumplir su MISIÓN, es que así se abren más caminos para que la ABUNDANCIA fluya hacia usted.

Por ejemplo, si en este UNIVERSO existiera una idea acerca de un determinado invento relacionado con la electrónica, que una vez que se ejecutara proporcionaría beneficios a su inventor y al mundo: ¿qué camino cree usted que escogería el UNIVERSO para materializarla?

¿El de una persona que tenga mucha PASIÓN por la ELECTRÓNICA, pero que hasta ahora no haya iniciado sus estudios, o el de una persona igualmente apasionada por ese campo, y que ya haya concluido sus estudios dándole mayores perspectivas sobre sus principios?

Es conocido que la naturaleza a la hora de fluir siempre escoge el camino con menor resistencia.

¿Una buena idea del UNIVERSO qué camino escogería?

¿Una mente que comprenda y absorba de mejor manera los principios involucrados en el invento gracias a sus estudios?

¿O una mente sin preparación técnica en lo absoluto ante la cual dicho invento pudiera parecer irrealizable?

La respuesta obviamente sería la primera opción.

Los estudios en su área abrirán sus horizontes, abrirán sus posibilidades, lo ayudarán a crecer en su capacidad de discernimiento, de aprender incluso.

Su progreso se verá acelerado; habrá momentos que hasta usted ratificará algunas intuiciones de determinados conocimientos que tenía en su área al leerlo en los libros que estudia.

De igual manera, si como vimos antes, usted desea que su MISIÓN evolucione para cosas mayores, cosas importantes, cosas de más responsabilidad; ya sea porque usted tiene un deseo de trascendencia, de lograr cosas importantes en este mundo o de llegar muy alto: los estudios serán su mejor forma de progresar y adquirir, cada vez más, mayores habilidades, mayores dones, mayores conocimientos, y por ende: una mayor MISIÓN.

A medida que obtenga mayores conocimientos sus horizontes se expandirán y su capacidad de lograr mayores cosas igualmente se incrementará.

De igual manera, pudiéramos agregar también que la **constancia** y la **dedicación** son parte fundamental para su progreso en el cumplimiento de su MISIÓN.

Se puede tener mucha PASIÓN por algo, pero si no se le dedican las suficientes horas al día a esa labor que nos llena, no lograremos grandes resultados.

Mientras más horas le dedique usted a su MISIÓN, mientras más horas dedique a caminar en esa dirección correcta, que de cualquier manera para usted no será un gran esfuerzo porque se encontrará feliz trabajando en lo que le gusta, mientras más tiempo usted aparte para cultivar esa PASIÓN: mejores resultados obtendrá y más lejos llegará.

Sólo la constancia y la dedicación en el cumplimiento de su MISIÓN podrán llevarlo a todo lo alto que usted pudiera haber soñado alguna vez, y si ese camino a recorrer es agradable, entonces la labor se le hará más sencilla.

Para aquellas personas que sientan que su VOCACIÓN no está directamente relacionada con los estudios, pienso que la práctica constante y entrenamiento es la mejor preparación posible. Éste es el caso de DEPORTISTAS, ARTISTAS y aquellas personas en general que dependan de sus HABILIDADES MANUALES o FÍSICAS para el cumplimiento de su MISIÓN.

Un bailarín, un músico, un cantante, un atleta profesional, un pintor, o cualquier persona que su talento se encuentre en sus dones interpretativos, sabe que sólo con la práctica se logra el perfeccionamiento.

Como dice un conocido refrán: "La práctica hace al maestro".

Y, al igual que en el caso anterior, si esa práctica se hace con PASIÓN, con alegría, con dedicación, esto no será algo difícil de realizar, y los resultados se verán a largo plazo.

Es comúnmente conocido que hay personas que tienen inmensos talentos, pero no los ponen en práctica, o no les dedican el suficiente tiempo para perfeccionarlos, mejorarlos, dominarlos.

Este mundo puede tener muchas distracciones, muchas obligaciones, o muchos obstáculos incluso, que pueden hacer que no le dediquemos el tiempo suficiente a cultivar nuestra PASIÓN, a utilizar nuestros mejores dones, y así escoger un trabajo que abarque nuestra VOCACIÓN.

Dependerá de nosotros, y de nuestra capacidad de perseverar, el perfeccionar nuestras habilidades y, de esa manera, encaminarnos de la mejor forma posible para cumplir nuestra MISIÓN, y así evolucionar aceleradamente.

Recuerde: no basta con que ya sepa para qué es bueno, o cuál es su VOCACIÓN; tiene que dedicarle la mayor cantidad de tiempo posible para que le pueda producir frutos, y tratar de convertirla lo antes posible en su actividad de tiempo completo. Sólo de esa manera podrá progresar rápidamente y obtener todos los buenos resultados que usted desea: la abundancia, la satisfacción personal, el reconocimiento de los demás, su propia felicidad, etc.

Si no hemos reconocido nuestra VOCACIÓN desde temprano, es probable que pasemos gran parte de nuestro tiempo en este mundo en trabajos que no nos gustan. Si ese es su caso, pero gracias a los principios explicados en este libro usted pudo reconocer ya cuál es su MISIÓN en este mundo, no le recomiendo que deje todo de un solo golpe, y renuncie a su actual empleo. Trate de hacer una transición paulatina. Empiece a reacomodar su vida en base a su verdadera VOCACIÓN y, a medida que vaya integrándose a ésta, observará cómo, poco a poco, su entorno responderá positivamente, al punto de que, cuando menos lo espere, usted estará trabajando a tiempo completo en aquello que lo apasiona.

Y, una vez que logre eso, nada, ni nadie, lo podrá detener.

Por último, para poder prepararnos mejor y poder cumplir exitosamente con nuestra MISIÓN en esta vida, debemos tratar de cultivar dentro de nosotros dos cualidades muy importantes como lo son el **valor** y la **determinación.**

Estas cualidades son fundamentales para poder acometer con mayor decisión, y autosuficiencia, las MISIONES que puedan surgir en nuestra vida, y no buscar delegar en otros nuestras responsabilidades.

Si bien es cierto que a lo largo de nuestra vida contaremos con el apoyo de amigos, compañeros de trabajo, familiares o seres queridos, que estarán a nuestro lado para darnos ánimos, o acompañarnos en el cumplimiento de nuestra MISIÓN en este mundo, eso no significa que debamos delegar parte de nuestros deberes, o la ejecución de nuestra MISIÓN, en ellos. Recuerde que:

Sólo usted puede cumplir con su MISIÓN.

Y esto está relacionado con el hecho de que al ser usted perfecto para su MISIÓN sólo usted puede cumplirla. Sólo usted tiene las mejores capacidades para llevarla a cabo, los mejores dones, las mejores habilidades.

Habrá decisiones que sólo usted podrá tomar, habrá acciones que sólo usted podrá realizar, incluso, habrá momentos que nuestros deberes, o el tamaño de nuestra MISIÓN, podrán agobiarnos, pero por más grande que éstos puedan ser debemos evitar la tentación, ha como dé lugar, de pedir a otras personas que los realicen por nosotros.

O incluso sin nosotros pedírselo: por más ayuda y buena voluntad que podamos recibir de otras personas en dichos momentos, debemos hacerles entender que algunos aspectos de nuestra MISIÓN sólo pueden ser llevados a cabo por nosotros. Es parte de nuestro compromiso al haberla asumido.

En este sentido, quisiera apoyarme citando una de mis sagas de películas favorita, y que ejemplifica perfectamente este aspecto, y esta saga no es otra que la trilogía del "Señor de los Anillos".

Para los que no estén familiarizados con dichas películas, basadas en los libros del escritor inglés J.R.R. Tolkien, éstas relatan las aventuras de un grupo de personas, o "comunidad del anillo", que habitan en un mundo mágico llamado Tierra Media, y cuya MISIÓN conjunta es destruir un anillo del mal.

Pudiera hablar mucho sobre esta saga, por su heroísmo y los principios que se aplican en este libro, sin embargo, trataré de concentrarme en uno de los aspectos que más me agradó de la saga en su desenlace, y es el relacionado a cómo dos de los protagonistas principales asumen con determinación y valor sus respectivas MISIONES en la historia.

En la tercera y última película, llamada "El Retorno del Rey" [5], vemos cómo en uno de los puntos culminantes de la historia, Aragorn, un guerrero parte importante de la comunidad, se ve ante la necesidad de convocar a un ejército de guerreros fantasmas para poder ganar la batalla final por la liberación de su mundo. Él, al ser el heredero del trono de uno de los reinos, es el único que puede acudir ante el rey de dichos guerreros fantasmas, y solicitarles su ayuda: una tarea nada halagadora.

Vemos así cómo, al momento de partir hacia su MISIÓN, Aragorn es detenido por sus dos mejores amigos, el enano Gimli y el elfo Legolas, para decirle que lo acompañaran. Él les contesta: "no, esta vez", dándoles a entender que solo él puede realizar esta tarea, y cumplir con dicha MISIÓN. Sin embargo, la insistencia y terquedad de ellos, aunados a la gran amistad que los une, terminan por convencerlo de aceptar su compañía.

Aragorn sabía que sólo él podía cumplir esa MISIÓN y, en base a eso, rechaza cualquier ayuda de los demás, principalmente por no exponer a otros a un riesgo que nada mas él debía enfrentar. Demostró valor y determinación para acometer su MISIÓN.

Pero sería más adelante, donde pienso que podemos ver mejor el significado de lo que es reconocer que sólo nosotros podemos realizar nuestra MISIÓN, cuando, por circunstancias de la historia, el anillo del mal, que es llevado por dos *hobbits* (una especie de humanos pequeños con rasgos de niños) cambia de manos. Del *hobbit* encargado de llevarlo a su destrucción, Frodo, el anillo cae en manos del *hobbit* que lo acompaña como su escolta, Sam, luego de que Frodo es temporalmente capturado por sus enemigos.

Luego de que Sam libera a Frodo, éste se alarma porque no encuentra el anillo en su poder. Sam le muestra el anillo a Frodo y le dice que se lo quitó, antes de que fuera capturado, para evitar que cayera en manos de sus enemigos. Frodo le pide que se lo devuelva, ante lo cual, Sam titubea. El anillo tenía un gran poder y, lentamente, podía consumir a aquel que lo cargara consigo. Después de unos segundos, Frodo toma en sus manos el anillo de vuelta, y le dice a Sam una frase que contiene tanta humildad como valor:

"Tienes que entender, Sam. El anillo es mi carga."

Probablemente muy pocos de los que lean este libro se verán algún día cargados por el peso de destruir un anillo del mal, pero lo que sí es seguro es que más de una vez podremos sentirnos un poco abrumados por el peso de nuestras responsabilidades, de nuestros deberes, de nuestros compromisos, y con deseos de dejarlo todo en manos de otros. Quedará en nuestro poder tener la determinación, el coraje y la fuerza necesaria para seguir adelante con nuestra MISIÓN, y no buscar que otros la realicen por nosotros.

El apoyo o la solidaridad de nuestros seres queridos, ante los momentos difíciles, siempre será bienvenido, pero la ejecución de nuestra MISIÓN siempre será nuestra total responsabilidad.

Recuerde: Dios no le confiaría una MISIÓN si no supiera que usted es capaz de llevarla a cabo. Él nos conoce mejor que nadie, y no nos pondría en una situación donde nuestras capacidades no estuvieran a la altura de dicho reto.

El aprender a reconocer cuál es nuestra MISIÓN en este mundo, y llevarla a cabo con valentía, determinación y coraje, siempre nos deparará recompensas que, como vimos antes, pueden incluso ser mayores de las que pudiéramos imaginarnos.

En conclusión, debemos tener en cuenta que: la MISIÓN de uno en esta vida se debe cumplir, primero que nada, preparándonos: **estudiando, aprendiendo y practicando** todo lo que sea posible sobre nuestra VOCACIÓN. Los títulos o reconocimientos ganados con años de estudio son valorados por Dios a la hora de hacernos cumplir nuestra MISIÓN. Recuerde que él es su empleador, así que al momento de prepararnos mejor, nuevos retos y nuevas fuentes de abundancia se abrirán para nosotros.

También, mientras más tiempo dediquemos a nuestra MISIÓN, mejores y más rápidos resultados obtendremos, así como la posibilidad de evolucionar a mayores metas.

Finalmente, debemos aprender a reconocer que sólo nosotros podemos realizar nuestra MISIÓN, y tratar en lo posible de no apoyarnos demasiado en los demás. Podemos aceptar el apoyo moral de nuestros seres queridos ante los momentos difíciles, pero sólo usted puede cumplir adecuadamente con su MISIÓN, y si cultiva la determinación y el valor para enfrentar los retos en su vida se dará cuenta siempre de que ninguna MISIÓN será nunca muy grande para usted.

11

¿Hay Misión para todo en este mundo?

Una de las cosas que me di cuenta, referente a la DEFINICIÓN, es que ésta tenía la facilidad de que podía aplicarse no sólo a personas, sino a cualquier grupo de personas o colectividad que buscara, de alguna forma, establecer un propósito o MISIÓN para guiar sus acciones.

Por mis experiencias de trabajo, había descubierto que las compañías generalmente realizan una ***Declaración de Misión***, como una manera de guiar todas sus actividades empresariales y, particularmente, en función de la satisfacción de las necesidades de sus clientes. Veamos algunas de las definiciones que se han dado a conocer entre el mundo corporativo para delinear la MISIÓN de las empresas.

Theodore Levitt [(6)] señala que la mejor manera de definir la MISIÓN de una empresa es "identificar cuáles necesidades del cliente hay que satisfacer y por las funciones que la compañía tiene que llevar a cabo para cumplirlas".

Jack Fleitman [7] define la misión empresarial como: "lo que pretende hacer la empresa y para quién lo va hacer. Es el motivo de su existencia, da sentido y orientación a las actividades de la empresa; es lo que se pretende realizar para lograr la satisfacción de los clientes potenciales, del personal, de la competencia y de la comunidad en general".

Según O. C. Ferrel y Geoffrey Hirt [8]: "la misión de una organización es su propósito general. Responde a la pregunta ¿qué se supone que hace la organización?"

Todas estas definiciones, bastante académicas y respetadas, omiten, sin embargo, el hecho de considerar hasta que punto la empresa tiene las capacidades, o recursos necesarios, para cumplir su MISIÓN y, en consecuencia, lograr la muy buscada **ventaja competitiva a largo plazo** en su campo: el más deseado cáliz sagrado de la gerencia empresarial.

También, vemos que no mencionan hasta qué punto la empresa o sus empleados deben sentir PASIÓN por cumplir con sus labores particulares.

Sin embargo, vemos que no se diferencian mucho de nuestra DEFINICIÓN DE MISIÓN la cual establece que:

"La Misión de nuestra vida es aquello que nos APASIONA y, que de acuerdo a nuestros dones, talentos o virtudes, nos permite HACER EL MAYOR BIEN POSIBLE a los demás."

Adaptando esta definición a las empresas podríamos afirmar que:

"La Misión empresarial son todas aquellas actividades que mejor hace la empresa y, que de acuerdo a sus recursos, experiencia y capacidades, le permite HACER EL MAYOR BIEN POSIBLE al mundo en general."

Nótese que hemos sustituido la palabra PASIÓN por "lo que mejor hace la empresa", ya que es difícil, mas no imposible, involucrar en un determinado sentimiento a todo un colectivo de personas que laboran en una empresa. Sin embargo, si una empresa hace algo mejor que los demás es porque existe PASIÓN de sus empleados.

Una empresa nace generalmente por la PASIÓN, en una determinada área o negocio, de uno o más de uno de sus fundadores. Son personas que, de alguna manera, sienten que pueden realizar mejor su MISIÓN en esta vida a través de la creación de una compañía. Estos fundadores crean la empresa con cierta mística, deseo, esfuerzo y, si están alineados con su MISIÓN en este mundo, lograrán crear una empresa que refleje perfectamente sus mejores talentos y dones.

Lo difícil, sin embargo, es, a medida que crece la empresa, poder inculcar esa mística, esa PASIÓN, ese deseo por hacer las cosas de la mejor forma posible a sus nuevos empleados.

El éxito, en lograr multiplicar esa motivación en sus empleados, redundará en una compañía con una MISIÓN EMPRESARIAL totalmente acorde con las MISIONES de sus miembros fundadores y, en consecuencia, reflejará los mismos éxitos de ellos.

He ahí la falla que vemos cuando una empresa es vendida, o fusionada, o parte importante de los miembros fundadores salen de ella. Si los nuevos dueños o gerentes no comparten la misma PASIÓN por el negocio que tenían los anteriores responsables es bastante probable que dicha empresa se vea en problemas.

Los ejemplos sobran, pero basta con ver como Apple, la empresa fabricante de computadoras, se recuperó después de que se reincorporó en 1997 uno de sus fundadores: Steve Jobs.

Cuando se logra poder transmitir esa PASIÓN por el negocio a los empleados, se puede decir entonces que todos trabajan en una misma dirección, hacia un mismo objetivo, hacia un mismo norte. Y esto lo logran poniendo al servicio de la empresa sus dones o capacidades personales.

Esto redunda en que la empresa suministre productos o servicios mejor que sus competidores y, por ende, sea la mejor en su área. Esta PASIÓN colectiva de los empleados se puede notar por una identificación positiva con la empresa, la cultura empresarial, orgullo por el nombre de la compañía, la marca, etc.

Del mismo modo, en todo análisis de MISIÓN EMPRESARIAL, los encargados deben evaluar también cuáles son sus principales recursos: las comúnmente llamadas FORTALEZAS.

En base a esos recursos, ver cómo pueden ser aprovechados de la mejor forma posible, y en función a eso, incursionar en aquellos campos en que mejor lo pudieran hacer, aquello en que pudieran sobresalir.

Vemos que la gran mayoría de definiciones de MISIÓN EMPRESARIAL omiten sistemáticamente estos aspectos, o los dan por sentados. Creo que siempre debe ser señalado, de manera de que la empresa pueda enfocarse mejor en aquellas áreas donde sus recursos o capacidades le permitan competir bien, o ser el mejor.

Finalmente, podemos concluir que esto redundará en ofrecer BENEFICIOS, PRODUCTOS o SERVICIOS de la mejor calidad posible para sus clientes y, en consecuencia, contribuir de alguna forma al MAYOR BIEN POSIBLE AL MUNDO.

De igual manera, pienso que todos los enunciados de MISIÓN deben tratar de enfocarse en cómo contribuir al BIEN DEL MUNDO: al BIEN DE LA HUMANIDAD. Si bien alguien pudiera pensar que es un enfoque algo idealista, creo que al hacerlo así se lograría una mayor identificación de los empleados con la empresa y, en general, con sus valores y la cultura empresarial. Enfocar la MISIÓN empresarial en términos de la función de obtención de beneficios para los accionistas, o los clientes, puede hacer creer a los empleados que su único objetivo es el monetario: la generación de ventas o de ingresos. En realidad, esto no debería ser así.

Una empresa debe dar un aporte al mundo palpable: un beneficio, si es posible único, algo que sea percibido por los clientes de la empresa como algo real, exclusivo, representativo. Un beneficio distintivo del cual ellos disfrutan.

De igual forma, una declaración de MISIÓN EMPRESARIAL debe ser algo que inspire a los empleados, algo que los motive, que les indique el norte de la empresa en este mundo y, sólo si ésta logra reflejar estos aspectos, podrá cumplir exitosamente su cometido y motivar al personal.

La MISIÓN de una empresa obviamente también puede evolucionar, pero, como vimos en un capítulo anterior, esto sólo dependerá del aumento de sus capacidades o recursos. A medida que una empresa crezca en capacidades, habilidades o experiencia, puede ampliar su MISIÓN a nuevos campos donde antes no hubiera podido incursionar.

Este análisis puede aplicarse, de la misma forma, a cualquier agrupación colectiva, o sociedad sin fines de lucro, que sea conformada por varios individuos.

Creo que, a medida que puedan identificar una PASIÓN común entre todos sus miembros, y lograr la suma de sus diferentes cualidades, dones y habilidades, podrán determinar mejor cuál es la MISIÓN que persiguen con su asociación para lograr el MAYOR BIEN POSIBLE A LOS DEMÁS.

Un ejemplo de esto podemos verlo mejor que nunca en los equipos deportivos.

Por ejemplo: en la alineación de un equipo de baseball se necesitan jugadores con diferentes características al momento de batear. En primer lugar, se necesitan jugadores ágiles y de piernas rápidas, que puedan aportar velocidad al equipo y que se embasen con facilidad en los primeros turnos al bate. En segundo lugar, jugadores de habilidad, que en base a su astucia puedan contribuir con jugadas inteligentes para mover a los jugadores rápidos y éstos queden en posición anotadora. Y, finalmente, se necesitan jugadores de poder, que puedan dar batazos importantes para hacer que los jugadores rápidos y habilidosos anoten carreras. Vemos así, como cada jugador en la alineación tiene diferentes cualidades, o destrezas, que condicionan su MISIÓN particular dentro del equipo, pero es el logro de todas estas MISIONES individuales las que contribuyen a la obtención de un objetivo, o MISIÓN común del equipo, como lo es el hacer carreras y obtener victorias.

Y así como esta definición puede aplicarse a empresas, u asociaciones, también se puede aplicar a organizaciones gubernamentales, gobiernos, estados, países, etc.

Por ejemplo: algunos países tienen mayores recursos naturales que otros, otros países tienen recursos humanos que son buenos en el desarrollo de nuevas tecnologías, otros tienen verdaderas bellezas naturales que son atractivas para el turismo.

Si bien es cierto que las economías de los países dependen de la explotación de muchas áreas, el enfocarse en aquellas en que tienen mayores recursos o facilidades, ya sea por las características de estos países, o idiosincrasia de sus habitantes, redundará en una mejor productividad para ellos y el resto del mundo.

Mientras más sentido de dirección pueda tener una organización colectiva en función de sus dones o habilidades particulares, mejores resultados podrán lograrse: mayor competitividad, mayor motivación, mayor pasión por hacer las cosas y, en general, una contribución significativa a la suma mayor de felicidad en el mundo.

Otro aspecto que podemos considerar, relacionado al hecho de que la definición de la MISIÓN puede aplicarse en otros ámbitos y términos, es la relacionada con el ALCANCE que puede tener una MISIÓN.

Si bien es cierto que hasta ahora hemos enfocado este libro a la MISIÓN que debemos cumplir en el término de una vida, vemos que también podemos aplicar la DEFINICIÓN, especialmente la DEFINICIÓN PRELIMINAR, en alcances más pequeños, más acotados, y aún así, extrapolar y aplicar sus propiedades.

Esto se refiere a MISIONES pequeñas, MISIONES momentáneas, e incluso, MISIONES de un solo día.

Por ejemplo: habrá oportunidades en su vida en que usted sentirá que no está realizando actividades relacionadas con su VOCACIÓN. Puede ser en un período de tiempo en que usted esté de vacaciones, un mes que esté dándose un descanso o, simplemente, un día libre que quiso tomar para descansar.

¿Significa que durante ese día, o días, no somos útiles para este mundo? ¿Que estamos exentos de cumplir una MISIÓN en este mundo?

Más de una vez usted se percatará de que, aun en aquellos días en que usted sienta que no pueda ser de utilidad, ya sea porque se encuentra fuera de su lugar de trabajo o ciudad, o exento de responsabilidades: nuevas oportunidades para cumplir una MISIÓN, así sea pequeña, e incluso no relacionadas con su VOCACIÓN, aparecerán en su vida.

Es lo que normalmente se conoce como: "estar en el lugar indicado en el momento indicado".

Por ejemplo: ¿cuántas veces hemos estado en un sitio y, de repente, surge una necesidad particular o un problema de alguien, ya sea un familiar, un amigo, aun de un desconocido, y resulta que nosotros conocemos la forma de satisfacer esa necesidad, o resolver ese problema?

Esto se ve en especial cuando hay una situación de urgencia: ¿cuántas veces ha estado un médico cenando y, de repente, surge una emergencia en el restaurante y alguien pregunta: "hay un médico presente"?

O, sin ser tan dramáticos, imagine que usted está caminando por la calle, y observa cómo un grupo de niños intenta bajar una pelota de un árbol, al que no pueden llegar porque éste es muy alto, y usted, con sólo estirarse, puede alcanzarla.

¿O cuántas veces usted ha participado en una charla, en una reunión o en una clase y, a medida que progresa el intercambio de ideas, de repente, en su interior, usted se da cuenta de que puede decir algo: un conocimiento, una experiencia, o una opinión, que puede contribuir con el aprendizaje de dicho grupo y la resolución de un problema determinado que estén discutiendo?

Si usted internaliza suficientemente la definición de MISIÓN que hemos dado en este libro, y aprende a aplicarla, no sólo a su trabajo, sino a cada instante de su vida, aprenderá a reconocer esos momentos donde el UNIVERSO lo requiere y, que de acuerdo a sus DONES o HABILIDADES, usted puede hacer el MAYOR BIEN POSIBLE A LOS DEMÁS.

Creo que aquí se pueden incluir todas aquellas personas que, en determinado momento de su vida, han realizado actos de heroísmo, ya sea porque las circunstancias así lo determinaron y, especialmente, porque no titubearon en hacer lo que debían hacer. Reconocieron su MISIÓN en ese momento y la cumplieron.

Cumplieron una MISIÓN de un día, una MISIÓN momentánea que el UNIVERSO les encargó, porque tenían los DONES necesarios para realizarla, y lo hicieron satisfactoriamente.

Queda de nuestra parte, aprender a reconocer esos instantes infinitesimales de nuestra vida en que veremos personas que pueden servirse de nuestra ayuda, y no omitir nuestro posible aporte a la resolución de dichos problemas. Si bien estos pueden no estar relacionados directamente con nosotros, y nuestra VOCACIÓN, sí pueden ayudarnos a cumplir aunque sea una MISIÓN de un día.

Recordemos a Phil en "*Ground Hog Day*"[1], si bien todo lo que hizo durante su último día atrapado en el tiempo no tenía nada que ver con su VOCACIÓN, sí lo ayudó a hacer el MAYOR BIEN POSIBLE A LOS DEMÁS, cumpliendo exitosamente todas las pequeñas MISIONES que tuvo a lo largo de dicho día.

En conclusión, podemos afirmar, que no sólo los seres humanos tenemos una MISIÓN en este mundo. Cualquier asociación colectiva, o grupo de personas, que estén unidos para cumplir ciertos objetivos en este mundo, tienen una MISIÓN, la cual puede ser definida de acuerdo a lo que hemos visto en este libro y, de esa manera, tener un mejor sentido de dirección.

De igual manera, la definición de MISIÓN puede aplicarse para cualquier período de tiempo y situación. Depende de nosotros, aprender a reconocer cuando surgen esas pequeñas MISIONES y cumplir con ellas.

12

Ejemplos de Misiones

Naturalmente, no podemos dejar de pasar la oportunidad de dar unos ejemplos de MISIONES que lo puedan ayudar, o inspirar, para que usted mismo intente definir y redactar su MISIÓN actual en este mundo.

Como dijimos antes, esto tal vez no pueda ser una tarea obvia. Si usted descubre su VOCACIÓN, con eso habrá logrado bastante, y no necesitará una declaración particular de MISIÓN que lo guíe para toda su vida. Además, dicha MISIÓN puede por momentos cambiar, o evolucionar, como hemos dicho reiteradamente a lo largo del libro.

Pero, si aún así, usted tiene deseos de tomar una instantánea de su vida, y querer intuir cuál es su MISIÓN actual en este mundo, aquí le damos algunos ejemplos para que sepa cómo guiarse.

Las posibilidades de ejemplos son infinitas, mas, sin embargo, trataremos de dar ejemplos en base a figuras conocidas de la Historia para que usted tenga una idea de cómo formular su MISIÓN, tomando en cuenta su VOCACIÓN, sus dones particulares, y su capacidad de hacer el bien a los demás.

De igual manera, estos ejemplos le ayudarán un poco a comprender el cómo debe enfocar mejor su MISIÓN: algo más en función de cómo contribuir al MAYOR BIEN POSIBLE A LOS DEMÁS que en función de logros individuales o reconocimientos históricos. De hecho, las MISIONES serán enunciadas sólo en función de su aporte, y omitiremos la VOCACIÓN y los dones, pues estos se asumirán como conocidos.

Como hemos dicho antes, tomaremos como referencia estas MISIONES, pero no porque sus MISIONES fueron más importantes que las de otras personas, sino porque fueron más conocidas y, obviamente, más notables.

Del mismo modo, por más que uno se identifique con determinada figura de la Historia, o alguna personalidad contemporánea a uno, no es recomendable asumir la MISIÓN de esa persona como la nuestra y copiarla, ya que:

La MISIÓN de cada Ser Humano es ÚNICA.

Cada ser humano en este mundo vive circunstancias diferentes, tiempos históricos diferentes, vidas diferentes, por lo tanto: cada MISIÓN es diferente.

También, depende del conjunto de habilidades individual de cada persona sumado a su VOCACIÓN. Si bien las vocaciones pueden ser limitadas, ya que en el momento histórico que usted viva sólo puede haber una determinada cantidad de oficios o carreras, los conjuntos de habilidades varían de persona a persona.

Por ejemplo: dos diferentes ARQUITECTOS podrían tener MISIONES distintas, el primero podría querer:

"Diseñar viviendas modernas que transmitan innovación a sus habitantes."

Pero si otro arquitecto tiene dones más orientados hacia la parte social, su MISIÓN pudiera ser:

"Diseñar viviendas acogedoras de bajo costo para satisfacer las necesidades de hogar de personas de bajos recursos."

Ambos hacen un BIEN AL MUNDO, pero cada uno lo orienta de acuerdo a sus dones o habilidades. Tal vez el primero tenga habilidades más creativas, y le guste la innovación en los hogares, mientras que el segundo tenga habilidades para la optimización y la economía, y se sienta más comprometido con las personas de bajos recursos.

Tomado en consideración todo lo anterior, intentaremos delinear las MISIONES de algunas de las figuras más conocidas de la Historia.

MISIONES ARTÍSTICAS

El arte ha sido, a lo largo de los siglos, una de las principales formas de expresión del ser humano. A lo largo de la Historia, vemos como han destacado algunos individuos ya sea por su talento innato o por su trayectoria. Citaremos dos ejemplos, y los analizaremos para ver cómo se desempeñaron en función de su posible MISIÓN a lo largo de su vida.

Wolfgang Amadeus Mozart (1756-1791).

Probablemente, uno de los compositores de música clásica más conocidos.

Sus dones se hicieron evidentes desde los 4 años, cuando tocaba el clavicordio. Ya a los seis años tocaba el violín y el clave. Sus dones también incluían: el leer música con facilidad, buena memoria, y gran capacidad para improvisar frases musicales.

De igual manera, podía escuchar una pieza musical, y transcribir la partitura completa de la pieza con haberla escuchado una sola vez.

Con semejante repertorio, no es de extrañar que hubiera detectado tan temprano su VOCACIÓN, como lo era la MÚSICA.

Antes de cumplir los 14 años, ya Mozart, en compañía de su padre, había visitado las principales ciudades musicales de Europa: Viena, París, Londres, Milán, Roma. El niño prodigio de la música recibía los elogios de nobles y músicos consagrados en cada ciudad que visitaba.

Si bien su vida estuvo marcada por altibajos económicos, su obra siempre fue reconocida indiscutidamente como genial entre sus contemporáneos y el público.

A pesar de su corta vida, ha sido uno de los compositores más prolíficos de la Historia. Su obra incluye: 46 sinfonías, 20 misas, 178 sonatas para piano, 27 conciertos para piano, 6 para violín, 23 óperas, otras 60 composiciones orquestales, y numerosas obras más.

Incluso, científicos han manifestado que la música de Mozart estimula la inteligencia de las personas, y ayuda a mantenerlos en un estado eufórico, principalmente por su predominancia de notas en umbral alto.

Si bien es cierto que Mozart fue conocido por sus maravillosas composiciones, su vida fue también un excelente ejemplo de dedicación a cumplir su MISIÓN, por lo abundante que fue su obra. En base a todo lo anterior podríamos decir que su MISIÓN en este mundo fue:

"Crear música de gran belleza que deleitara a las personas y los estimulara a ser mejores individuos."

Leonardo Da Vinci (1452-1519).

Considerado como uno de los más grandes genios italianos de la época del Renacimiento. Mayormente conocido por su labor en el arte, Da Vinci también incurrió en áreas tan diversas como la arquitectura, la escultura, la ingeniería y la biología.

Tratar de definir la MISIÓN de Leonardo Da Vinci en este mundo es tan difícil como lo debe haber sido para él seleccionar su VOCACIÓN, debido a la multiplicidad de talentos que tenía. Desde niño ya tenía facilidad para las artes plásticas y el dibujo, así como para la geometría, la mecánica y la música. A eso hay que agregarle una gran capacidad de observación, que estoy seguro lo llevaba a querer incursionar en cualquier rama en la cual él sintiera cierta curiosidad científica.

Sus obras más conocidas las constituyen, sin lugar a dudas, sus pinturas, entre ellas la famosa "Mona Lisa". Sin embargo, muchos años después de su muerte, se pasó a reconocer también su legado en los diferentes escritos que dejó, constituidos por cientos de notas, apuntes, o ideas que venían a su mente, y que trataba de plasmarlas en sus manuscritos: los llamados CÓDICES. Estas notas incluyen asombrosos avances en diferentes campos como: ingeniería, arquitectura, anatomía humana, física, mecánica y geología.

Pienso que más allá de ser un artista, campo en el cual se destacó más, Leonardo era un inventor, un analizador, un pensador. Con su particular capacidad de observación del mundo, siempre andaba a la búsqueda de desafíos intelectuales, problemas, retos en cualquier área del conocimiento, y trataba de hallar soluciones para dichos desafíos; por eso su incursión en tantos campos.

Sin embargo, su mayor aporte a la Humanidad fueron sus cuadros, su obra pictórica. Obra que inspira y despierta la admiración de millones de personas de varias generaciones que han tenido la oportunidad de disfrutarla. Obra que logró gracias a sus innegables talentos para la pintura: perfeccionismo, disciplina, creatividad y, especialmente, su PASIÓN por el arte.

En conclusión, pudiéramos afirmar que la MISIÓN de Leonardo Da Vinci en este mundo fue:

"Captar y transmitir la belleza del mundo a millones de personas a través de sus pinturas."

MISIONES CIENTÍFICAS

Los desarrollos científicos, a lo largo de la Historia, han permitido el progreso de la civilización y el mejoramiento de las condiciones de vida. Son innumerables las personas que han contribuido a este progreso, por lo que sería imposible señalar algún individuo que hubiera podido contribuir más que los otros. Señalaremos dos ejemplos que nos permitan intuir un poco sus MISIONES en función de su contribución a la Humanidad.

Isaac Newton (1643-1727).

Considerado como una de las figuras científicas más influyentes en la Historia. Su aporte incluyó avances en la matemática, la física y la óptica.

Desde pequeño le gustaba leer libros de ciencia, se dice incluso que prácticamente toda su educación fue autodidacta, a pesar de haberse graduado en el Trinity College de Cambridge.

Se dice también que era un joven sobrio, silencioso y meditativo, características que generalmente uno puede atribuir a personas introspectivas o analíticas, y que a la larga lo ayudarían a desarrollar mejor las ideas dentro de su mente.

Tras su graduación, en el año 1665, Newton se orientó a la investigación en la Física y la Matemática, tareas que le fueron facilitadas al obtener una cátedra en su Universidad en el año 1669, con tan sólo 26 años.

A partir de ese momento, es cuando empieza a hacer públicos sus hallazgos entre la comunidad científica. Desarrolló y explicó la Teoría de la Gravitación Universal, a partir de la cual se explica cómo los cuerpos se atraen directamente en proporción a sus masas, independientemente de que sean grandes como un planeta y el sol, o pequeños como una manzana y la Tierra.

Este descubrimiento permitió una mejor comprensión del movimiento de los cuerpos celestes, y facilitó predecir con exactitud las posiciones de los planetas y las estrellas en el firmamento.

De igual manera, desarrolló las leyes de la Dinámica, leyes que explican y gobiernan el movimiento de todos los cuerpos.

Su aporte al conocimiento lo llevó a alcanzar la notoriedad propia de los grandes científicos de su época. A partir de 1696, ocuparía diferentes altos cargos políticos en Inglaterra, incluyendo su nombramiento como presidente de la Royal Society en 1703, para finalmente ser nombrado Caballero de la Reina en el año 1705.

Si bien es cierto que sus investigaciones incluyeron diferentes áreas, sus principales aportes radicaron en un mejor conocimiento de las leyes de la física y su aplicación práctica.

La comprensión de estas leyes ha permitido que se puedan diseñar máquinas, vehículos, aviones, naves espaciales, y cualquier dispositivo que requiera movimiento entre sus partes o consumo de energía, permitiendo así el progreso tecnológico durante siglos de Historia.

En base a lo anterior, pudiéramos concluir entonces que la MISIÓN de Isaac Newton en este mundo fue:

"Ayudar a una mejor comprensión de las leyes que gobiernan el movimiento del Universo, para contribuir al desarrollo de dispositivos que faciliten la vida de los seres humanos."

Alexander Fleming (1881-1955).

Médico e investigador escocés, mejor conocido como el descubridor de la penicilina.

Flemming nació en el seno de una familia campesina, lo cual, no le permitió tener una educación completa sino más bien rudimentaria, sin embargo, esto probablemente contribuyó a darle una gran capacidad de observación y personalidad sencilla, virtudes que lo definirían por el resto de su vida.

Desde muy joven manifestó su interés por la medicina, eso lo llevó a iniciar sus estudios en esa área, para luego graduarse y entrar a trabajar en el Hospital St. Mary de Londres. Posteriormente, trabajó como médico de campo durante la Primera Guerra Mundial, experiencia que le causó una gran impresión, debido a la gran mortandad que producía la gangrena de las heridas en los soldados.

A partir de ese momento, dedicaría su vida con más intensidad a la búsqueda de medicinas que disminuyeran la tasa de mortalidad producida por las heridas.

En 1928, su capacidad de observación lo ayudaría a hacer su descubrimiento más trascendental, cuando trabajaba en su laboratorio en la investigación de las defensas del cuerpo humano contra las infecciones bacterianas.

Su objetivo, en ese momento, era tratar de crear vacunas y así tener mejores defensas del cuerpo humano contra las enfermedades, y sólo porque observó que una de sus muestras de estudio se contaminó con un moho formado por hongos, y dicho moho causaba un efecto en sus muestras, es que pudo aislar y descubrir las propiedades de la penicilina.

Su descubrimiento, en su momento, no tuvo trascendencia alguna, pero 15 años después, sus investigaciones fueron reconocidas y puestas en práctica, muy a tiempo para tratar heridas de millones de soldados en la Segunda Guerra Mundial.

En 1942, fue elegido como miembro de la Royal Society y, al igual que Newton, fue elegido Caballero de la Reina en 1944. En 1945, sería reconocido con el Premio Nóbel de Fisiología y Medicina en compañía de Ernst Boris Chain y Howard Walter Florey.

Hoy en día, se conoce a Flemming como el Padre de los modernos antibióticos.

La investigación sobre estos fármacos contribuyó al aumento de esperanza de vida de la población, y logró, especialmente, la disminución de la mortalidad infantil.

En el concepto de Flemming, el cual fue modesto a lo largo de su vida, él no había hecho nada importante. Declaraba que su único mérito era no haber ignorado aquella capa de moho.

Sin embargo, ese don, esa capacidad de observación, junto con su educado pensamiento deductivo, hizo que pasara de ser un sencillo investigador de laboratorio, a hacer algo más trascendental para la historia de la medicina moderna.

En conclusión, podemos afirmar que la MISIÓN de Flemming en este mundo fue:

"Descubrir y desarrollar nuevas medicinas que permitieran salvar la vida de millones de personas."

MISIONES POLÍTICAS

Probablemente, los líderes políticos a lo largo de la Historia: reyes, gobernantes, activistas, etc., han tenido las MISIONES de mayor responsabilidad en este mundo. Esto en términos del efecto multiplicador que pueden tener sus decisiones sobre el destino de los demás. Sobre sus cabezas, pesa el hecho de que sus errores, o aciertos, pueden afectar la vida de millones de personas bajo su regencia.

Analizaremos dos de esas MISIONES en función de sus mayores aciertos, y mejores contribuciones para los colectivos a los cuales representaron.

Simón Bolívar (1783-1830).

Militar, político y pensador de origen venezolano, conocido como "El Libertador", por haber participado en los movimientos independentistas de 5 países sudamericanos: Venezuela, Colombia, Bolivia, Perú y Ecuador.

Bolívar nació en el seno de una familia acaudalada, sin embargo, eso no lo salvó de vivir innumerables contrariedades y pérdidas.

Perdió a sus padres desde muy joven y su cuidado fue confiado a diferentes familiares. Posteriormente, se casaría también muy joven para luego enviudar a los pocos años. Todas estas pérdidas, de alguna manera, contribuirían a fortalecer el carácter de Bolívar. Fortaleza que se vería puesta a prueba a lo largo de su vida, al tener que sobrellevar innumerables reveses, y aún así sobreponerse y seguir adelante.

Desde joven, fue instruido en las ideas de la Ilustración por los grandes maestros que tuvo la fortuna de tener. Ideales como la Libertad, la Igualdad, la Justicia y el Honor, fueron haciendo que en él se desarrollara un gran deseo por contribuir a un mejor destino y orden político, no sólo para su país, sino para todas aquellas naciones americanas que para ese momento eran Colonias sometidas a otros países. Es de destacar, como gracias a sus diversas experiencias de aprendizaje, Bolívar creía fervientemente en la Educación como una de las mejores maneras de progreso para el ser humano y las naciones en general.

Todas esas ideas, combinadas con sus dones naturales de: liderazgo, carácter, fortaleza y tenacidad, hicieron una poderosa combinación para ayudarlo a constituirse en el líder del movimiento independentista de su país natal.

Fue así como en 1805, en el Monte Sacro, Italia, Bolívar jura que no descansaría hasta ver a su país liberado del colonialismo español. Juramento que marcaría el resto de su vida, y que cumpliría a cabalidad.

Sus gestiones políticas, acciones militares y, especialmente, la difusión de su pensamiento, lograron que en el año 1824, en la Batalla de Junín, en Perú, fuera librado el último combate por la independencia de los cinco países americanos del dominio español.

Principalmente se le recuerda por sus logros militares y políticos, pero más allá de eso, su pensamiento, expresado en innumerables discursos, cartas y documentos, es lo que lo diferencia de otros líderes independentistas del mundo, y lo que lo convirtió en referencia indiscutible e inspiración para todos aquellos constructores de libertad en este planeta.

Su frase: "Moral y luces son nuestras primeras necesidades", refleja en gran sentido lo que para él era necesario en toda sociedad que aspire al progreso.

Sin embargo, su logro más trascendental, fue la independencia de los cinco países mencionados, además de inspirar a otros países americanos a seguir sus pasos.

En base a todo lo anterior, pudiéramos afirmar que la MISIÓN de Simón Bolívar en este mundo fue:

"Devolver la Libertad y derecho a la autodeterminación política a millones de americanos."

Martin Luther King (1929-1968).

Conocido como uno de los más grandes defensores de las libertades civiles y los derechos humanos en los Estados Unidos.

Desde niño, King manifestó grandes capacidades intelectuales, lo cual hacía que fuera un alumno aventajado para las materias que cursaba. Con el paso de los años cursó estudios de Sociología y Teología, para posteriormente obtener un doctorado en Filosofía.

Sus dones intelectuales, sumada a su capacidad de oratoria y arraigada PASIÓN por la defensa de la justicia, la vida, y la igualdad de todos los seres humanos, lo convirtieron en un líder natural para la reivindicación de los derechos civiles, especialmente de los ciudadanos afro americanos en los Estados Unidos.

Su discurso: "Tengo un Sueño" es una verdadera apología a la igualdad, la fraternidad y el entendimiento de todos los seres humanos, al margen del color de su piel, convicciones o religión.

Particularmente, era notable cómo siempre manifestó el uso de las vías pacíficas para lograr las tan ansiadas reivindicaciones civiles, y cómo se opuso siempre a la violencia como una forma de protesta.

Esto le hizo merecedor del Premio Nóbel de la Paz en 1964, convirtiéndose en el ganador más joven de dicho premio.

Si bien sus principales aportes históricos se ven reflejados con el logro de importantes reivindicaciones de los derechos civiles en los Estados Unidos, mediante la aprobación de algunas leyes en ese sentido, su mensaje es Universal, y es así, como pudiéramos afirmar que su MISIÓN en este mundo fue:

“Inspirar a millones de personas a convivir en paz, igualdad y justicia.”

MISIONES RELIGIOSAS

Las MISIONES religiosas son probablemente aquellas MISIONES donde más se ve el significado de lo que es una MISIÓN en este mundo. Particularmente, en la Biblia, podemos ver una gran cantidad de ejemplos sobre el tratamiento del concepto de MISIÓN. De hecho, es notorio, como a través de los diferentes relatos del libro sagrado del cristianismo, hay una continua comunicación entre Dios y sus elegidos, manifestándoles cuál es su voluntad para con ellos.

Si bien la vida fuera muy fácil si Dios mismo nos dijera que es lo que quiere de nosotros, sin ambigüedades, o sin tener que nosotros intuirlo, pienso que esto se ve frecuentemente en la Biblia porque dichas personas, dichos elegidos, tenían una profunda fe en Dios, en un mundo antiguo en que sólo existía la idolatría y la barbarie. De igual manera, las MISIONES religiosas exigen más sacrificios que las otras MISIÓNES, por eso, la comunicación directa de Dios con sus elegidos es una manera de procurar mayor compromiso de estos para cumplir su MISIÓN.

Este contacto más directo con Dios se realizaba principalmente a través de sus mensajeros: los ángeles, y así, sus designios para con ellos les eran más fácilmente revelados.

Como dijimos antes, estas MISIONES implican mayor responsabilidad, mayor carga, mayores sacrificios. Es de destacar, cómo vemos que en todos los libros de la Biblia, los elegidos de Dios deben superar grandes pruebas o desafíos.

Sin embargo, de entre todos estos elegidos: profetas, patriarcas y predicadores de Dios mencionados en la Biblia, destacan dos personalidades; principalmente, por la magnitud de su MISIÓN, y su significado para el desarrollo de la humanidad. Y estos son: María y Jesús.

María (15 AC - 55 DC).

Madre de Jesús Cristo y actual patrona de muchos pueblos del mundo.

Según lo relata la Biblia, María fue desposada por José, su esposo, a muy temprana edad. Hasta el momento de su casamiento, María había sido consagrada junto con otras niñas de su edad en el Templo de Jerusalén, tradición que buscaba resguardar a algunas jóvenes doncellas elegidas de Israel hasta que llegara el momento de su matrimonio.

Según relata el evangelio de Lucas, a María se le aparece el ángel Gabriel y la saluda con la frase: "Alégrate llena de gracia. Bendita eres entre todas las mujeres. No temas pues has hallado gracia ante los ojos de Dios. Concebirás un hijo y a éste llamarás Jesús. Éste será grande y será llamado hijo del altísimo" (Lucas 1:26). María, un poco confundida al inicio, replica que no puede concebir pues no ha compartido con su esposo. A lo qué, el ángel le responde que su concepción será fruto del Espíritu Santo. Ante esto, María finalmente manifiesta, en un increíble acto de obediencia y sumisión a la voluntad de Dios: "He aquí la esclava del señor, hágase en mí según su voluntad" (Lucas 1:38).

Es de destacar que, ante el mensaje del ángel, uno pudiera intuir que había cualidades de María que habían agradado a Dios, y que por eso la hacían perfecta para su MISIÓN. Debido a su crianza en el templo de Jerusalén, pudo haber desarrollado muchas virtudes piadosas: amor, caridad, pureza, tal vez un instinto maternal nato, y especialmente: obediencia, la cual queda manifestada en su respuesta al ángel.

María acepta su MISIÓN en este mundo, como lo es concebir al hijo de Dios y criarlo, y no piensa ni un momento en rechazar el pedido hecho por Dios.

Sin embargo, su MISIÓN no estuvo exenta de problemas. Ella, junto con su esposo José, tuvieron que enfrentar peligros y dificultades.

Siempre alertados por los ángeles, tuvieron que huir a Egipto para evitar la persecución del Rey Herodes.

De igual manera, una profecía realizada al momento que Jesús era presentado en el Templo de Jerusalén, al cumplir cierta edad, le anticipaba que vendrían momentos más difíciles. Simeón, un anciano bastante religioso, le profetizó que "una espada de dolor traspasaría su corazón" (Lucas 2:35).

No obstante, y a pesar de los obstáculos, María supo criar muy bien a Jesús. De acuerdo a la tradición cristiana, y los evangelios, ella siempre veló por él. Le dio todo el amor que una madre le puede dar a un hijo en este mundo, y lo acompañó hasta los últimos momentos de su vida, estando a su lado al momento de ser crucificado, y ratificando la profecía que le habían hecho.

Años después, según reza la tradición católica, sería ascendida en cuerpo y alma a los cielos para acompañar a su hijo.

Probablemente, su MISIÓN, por el dolor que tuvo que atravesar en los momentos finales de la Pasión de Jesús, haya sido una de las más exigentes de la Historia de la Humanidad para una madre, pero a mayores exigencias, mayores recompensas por parte de Dios.

La vida de María fue un modelo de sumisión a la voluntad divina, pureza, caridad y amor, cualidades que la convertirían a la larga en, no sólo ser la madre del hijo de Dios en la tierra, sino en la patrona y señora de muchos pueblos de este mundo.

En base a todo lo anterior, pudiéramos intuir que la MISIÓN en este mundo de la Virgen María fue:

"Ser la Madre del hijo de Dios en la Tierra y la Madre de todos los seres humanos en el Cielo."

Jesús de Nazareth (0–33 DC).

Probablemente la figura espiritual más conocida en este mundo. Para algunos un hombre con un mensaje de amor y fraternidad, para mí, sin duda alguna, el hijo de Dios en este mundo.

Desde pequeño Jesús siempre tuvo conciencia de su MISIÓN en este mundo. Según el evangelio de Lucas, en una oportunidad cuando Jesús tenía 12 años, él y sus padres fueron a Jerusalén a celebrar la Pascua. Al momento de regresar a su hogar, María y José se percatan de que Jesús no está con ellos. Regresan a Jerusalén, y al cabo de tres días de búsqueda, lo encuentran conversando con los Doctores del Templo, los cuales se manifiestan impresionados por las respuestas que él les daba ante sus preguntas. Ellos lo reprenden, mas él sólo les contesta: "¿Por qué me buscaban? ¿No saben que debo ocuparme de los asuntos de mi Padre?" (Lucas 2:49).

Además de esta precocidad, dentro de sus dones destacaría también el respeto, la sumisión a sus padres terrenales y la solidaridad con sus conocidos.

Posteriormente, iniciaría su vida pública, divulgando su mensaje de amor, y caridad hacia el prójimo, por todos los lugares que visitaba durante aproximadamente tres años.

Sin embargo, su MISIÓN principal tendría que ser cumplida en Jerusalén, cuando con su Pasión, daría cumplimiento a todas las profecías que se habían hecho sobre su venida a todos los patriarcas y elegidos de Dios en el Antiguo Testamento.

Una vez llegado el momento, el mismo Jesús demostraría su condición humana en el Huerto de los Olivos, cuando rezando con fervor y sudando gotas de sangre le ruega a Dios: "Padre, si es de tu agrado retira de mi este cáliz, mas no se haga mi voluntad sino la tuya" (Lucas 22:42). Esa oración es una demostración de que Jesús, consciente de la parte final de su MISIÓN en este mundo, ruega a Dios que si es posible no sea necesario hacerlo, pero si no es posible, él con sumisión y obediencia la cumplirá. También demuestra su condición humana, con un temor natural y lógico ante el dolor que él sabría que tendría que atravesar.

Finalmente, luego de haber cumplido con paciencia, amor y entereza todos los tormentos a los que fue sometido en su Pasión, Jesús en la cruz reconoce haber cumplido hasta la última profecía de su MISIÓN, cuando, después de que un soldado romano le da a beber hiel, él grita:

"Todo está consumado. Padre, en tus manos encomiendo mi espíritu" (Juan 19:28-30 y Lucas 23:46).

Y dicho esto expiró.

Con esta frase se cierra la MISIÓN más elevada que ser humano alguno haya tenido en este mundo.

Su Iglesia, de la cual me siento orgulloso de pertenecer, desde entonces empezó a difundir por todo el mundo su mensaje de amor y reconciliación entre todos los seres humanos.

Su sacrificio es un ejemplo de devoción y servicio a los demás, aun a cuenta de los propios intereses.

Sería poco todo lo que se pudiera decir sobre el aporte de Jesús a la Humanidad en unas páginas, mas, lo que sí podemos tratar de intuir es que su MISIÓN en este mundo fue:

"Difundir el mensaje de reconciliación y amor de Dios con este mundo y purificar con su sacrificio los pecados de la humanidad."

En conclusión, como hemos podido ver a lo largo de todos estos ejemplos, cada una de estas figuras históricas tenía cualidades o dones que lo hacían perfectos para su MISIÓN. Algunos, incluso, supieron sacar provecho de las dificultades, circunstancias, o momentos históricos que vivían, y crecieron para lograr cosas mayores.

En base a esto, usted mismo puede ya intentar intuir su propia MISIÓN actual, redactarla, y utilizarla como su norte en todos los aspectos que rijan su vida.

13

Cómo redactar mi Misión

Por último, el paso final para poder identificar una dirección, un norte, un objetivo, es intentar redactar nuestra MISIÓN de acuerdo a los pasos que hemos visto hasta ahora, y los ejemplos que hemos considerado.

Como dije antes, esto puede ser un paso opcional, ya que con que usted haya descubierto su VOCACIÓN, puede darse por satisfecho de estar caminando en la dirección correcta.

Especialmente, si usted es una persona joven, y apenas está empezando a seleccionar cuál es su especialidad, y comenzando sus estudios, es muy pronto para poder intentar descubrir cuál es su MISIÓN en este mundo. Con el paso de los años puede descubrirlo, pero de momento, bastará con que haya identificado correctamente su VOCACIÓN, con la cual se encaminará correctamente en dirección a su MISIÓN.

De igual manera, con que usted mantenga siempre presente la DEFINICIÓN dada sobre la MISIÓN, y usted reconozca sus tres criterios en la actividad que esté realizando, será indicativo suficiente de que usted está bien encaminado, y está cumpliendo su MISIÓN.

Sin embargo, el realizar una declaración de MISIÓN personal puede ser un interesante ejercicio de auto conocimiento, y de mejor orientación para sus objetivos profesionales, si es que ya está trabajando en el área vocacional que lo apasiona.

Como habrá visto en los ejemplos anteriores, una MISIÓN debe enfocarse más que todo en función de la realización del MAYOR BIEN POSIBLE A LOS DEMÁS.

Si usted ya ha identificado sus dones y su VOCACIÓN, no es necesario que estos sean incluidos en el enunciado, únicamente deberá considerar tres partes fundamentales:

1) Actividad que usted realiza. Empiece, primero que nada, por la ACTIVIDAD PRODUCTIVA o CREATIVA que usted realizará para cumplir su MISIÓN. Esto, generalmente, se redacta con el verbo en su forma de infinitivo simple: DAR, CONSTRUIR, SUMINISTRAR, etc.

En esta parte puede ser que usted se vea tentado a colocar su actividad principal como el VERBO. Por ejemplo: si usted es un *chef* de alta cocina, puede verse inclinado a seleccionar los verbos COCINAR o PREPARAR (platos). Una manera más amplia de considerar su MISIÓN es utilizar un verbo que denote el BENEFICIO final que su labor realiza, es decir, *qué clase de alegría o satisfacción* producen sus platos a sus clientes. Por ejemplo: usted puede decir que su MISIÓN es "PROPORCIONAR *placer* para el paladar de sus comensales". De esta forma, se enfoca mejor en el objetivo verdadero de su MISIÓN, y le otorga un mayor orgullo por la labor que realiza.

2) Beneficio o necesidad satisfecha. Posteriormente, se incluye, ya sea el beneficio, el producto, el servicio o la necesidad, que su actividad satisface. Por ejemplo: ALEGRÍA, CASAS, EDUCACIÓN, etc. Al igual que en el primer paso, mientras más amplia sea su DEFINICIÓN del beneficio, mejores resultados obtendrá a la hora de definir su MISIÓN. Como vimos antes, si bien el CHEF pudo haber definido su MISIÓN como: "Suministrar *PLATOS EXQUISITOS* a sus comensales", es más amplio y enorgullecedor definirse como una persona cuya MISIÓN es: "Proporcionar *PLACER* al paladar de sus comensales."

El producto, o servicio que usted suministra, rinde un beneficio a la humanidad. Enfóquese en ese beneficio, o necesidad satisfecha, y así tendrá una perspectiva más amplia de su MISIÓN.

3) Grupo beneficiado. Por último, debe reflejar el grupo, población o número de personas que se verá beneficiada con su MISIÓN. Esto puede ser un grupo de población específico: NIÑOS, ADULTOS MAYORES, una comunidad o población en particular: MI COMUNIDAD, LOS HABITANTES DE MI PUEBLO, o una cantidad indeterminada de personas: MIS COMENSALES, MIS CLIENTES, MILES DE PERSONAS, LA HUMANIDAD, etc.

Dependiendo de cuál sea la naturaleza del verbo utilizado para definir su actividad, puede venir a veces primero el grupo objetivo de su MISIÓN y después el beneficio. Todo dependerá de cuál sea su actividad y cuál sea el beneficio, servicio o producto que usted quiere aportar a este mundo.

Como dijimos antes, esto le puede dar una perspectiva instantánea de cuál pudiera ser su MISIÓN actual en este mundo, mas no permanente.

También, es un ejercicio interesante a la hora de definir diferentes opciones de carrera que uno pudiera tener, y las cuales todas pudieran ser igualmente atrayentes. Generalmente, aquella opción en la que pueda dar un MAYOR BENEFICIO A LOS DEMÁS, ya sea porque es una actividad de gran significado, o por la cantidad de personas que se verían beneficiadas, de alguna manera le motivará más, lo atraerá más. Si esto sucede, es porque esa opción es su MISIÓN en ese momento.

De todos modos, como hemos visto en los ejemplos a lo largo de este libro, uno puede tener una noción diferente de MISIÓN de la que Dios nos tiene definida.

No es bueno que nos aferremos a nuestra MISIÓN redactada, sino poder darle la oportunidad de que evolucione y cambie a medida que haya novedades positivas en nuestra vida.

Nuestra MISIÓN puede dar un giro inesperado, y llevarnos a situaciones que no nos imaginábamos, y para las cuales nosotros somos perfectos.

Usted podrá reconocer que una determinada opción que se abre ante usted es su MISIÓN en ese momento porque sentirá que es perfecto para dicho trabajo. Es como si ese trabajo estuviera hecho a su medida: a la medida de su experiencia, sus dones, sus conocimientos, etc. También, es probable que las labores que usted vislumbre que cumplirá en dicho trabajo de alguna manera le apasionarán, y se sentirá motivado a realizarlas.

Eso puede dar al traste con la MISIÓN que teníamos redactada, y pensábamos que iba a durar por mucho tiempo, pero no importa, porque siempre que aparezcan nuevos retos, nuevas oportunidades o nuevos trabajos, tendremos la oportunidad de AMPLIAR nuestra MISIÓN, y hacerla más completa, más rica, más elevada, con nuevas responsabilidades y aprendizajes.

Queda de nosotros reconocer esos giros, esos cambios en la dirección del viento, y aceptar con obediencia los designios de Dios, ya que grandes cosas pudieran estar esperándonos.

Finalmente, la redacción de la MISIÓN puede ser un ejercicio útil a la hora de definir puestos de trabajo y competencias dentro de una organización, ya sea una empresa, o una asociación sin fines de lucro.

Si usted forma parte de una empresa o asociación, en la dirección de sus recursos humanos o en el área gerencial, una manera diferente de asignar responsabilidades, dentro de la organización, es definir una MISIÓN para cada persona en función del MAYOR BIEN POSIBLE que esa persona puede realizar a los demás, ya sean estos: los clientes de la empresa, beneficiarios de la asociación, o sus propios compañeros de trabajo. Esto les dará un renovado sentido de importancia, responsabilidad ante las labores que deben cumplir, y un mayor compromiso con su trabajo.

En conclusión, podemos decir que: hacer una redacción de MISIÓN personal puede ser muy útil para definir nuestro norte, nuestros objetivos actuales, nuestras metas, y para evaluar opciones de carrera. Mas, siempre debemos tener presente que dicha MISIÓN puede evolucionar y cambiar, por lo que una revisión periódica de nuestra MISIÓN redactada es algo útil a la hora de considerar los cambios que puede haber en nuestra vida.

También, nos permite individualizar las MISIONES de los integrantes de una organización, para así poder alcanzar los objetivos principales de la MISIÓN colectiva de dicha organización.

14

Algunos Falsos Criterios para escoger su Misión

Hasta ahora hemos hablado de los criterios que deben ser utilizados para seleccionar su VOCACIÓN y, en consecuencia, cumplir su MISIÓN en este MUNDO, mas no hemos hablado de las razones del porqué las personas escogen caminos que no son los adecuados para ellos y por qué escogen esos caminos.

Creo que es necesario dedicarle unas líneas a esto, y lo digo por experiencia.

FAMA Y FORTUNA

Una de las cosas que en mi interior analicé, y relacionada sobre el porqué me había tomado tanto tiempo identificar cuál era mi verdadera VOCACIÓN en este mundo, fue el hecho de que en algún momento de mi vida estuve saturado por ideas de dedicarme a diferentes carreras para las cuales tenía **ninguna** o **pocas habilidades**. Y las únicas razones por las que me sentía atraído a esas carreras eran principalmente la FAMA y la FORTUNA.

Estamos constantemente bombardeados, por los medios de comunicación, con imágenes de personas de éxito: actores, cantantes, personas del *show business,* deportistas profesionales, etc. Vemos, cómo esas personas adónde quiera que van atraen multitudes, la gente quiere sus autógrafos, son famosos, reconocidos, etc. Es lógico que dentro de nosotros todos queramos ser como ellos, es algo natural.

El problema es que nos enamoramos de la foto, de la imagen exterior, del producto final que significa lo que esas personas han logrado después de años de estudios, trabajo y esfuerzo, y deseamos eso para nosotros, a pesar de no tener las condiciones necesarias o la PASIÓN por dicha VOCACIÓN.

Por ejemplo, muchos jóvenes sueñan con ser un actor famoso, pero, como dije antes, la gran mayoría se sienten atraídos por el resultado final: la consecuencia.

Un actor que en una noche recibe un premio "Oscar" ha pasado por años y años de trabajo, ha audicionado para cientos de películas, probablemente ha recibido decepciones, ha trabajado en otras ocupaciones esperando su oportunidad, ha hecho cursos de actuación, etc.

Y lo hace, y lo soporta, porque esa es su PASIÓN: esa es su VIDA, y aguantaría todos los trabajos del mundo porque eso es lo que lo llena, esa es su MISIÓN.

¿Pero qué es lo que sucede?

La persona normal no sabe de todo ese trabajo previo, de todo ese esfuerzo. El día de la entrega del "Oscar", ve a dicho actor recibiendo el premio, los aplausos, el reconocimiento y dice: "Yo quiero eso para mí", pero es por el resultado, no por la causa.

Si usted se siente apasionado por desarrollar la causa de ese resultado, la cual es: estudiar actuación por años, tocar muchas puertas en Hollywood, ser rechazado, pero continuar a pesar de eso, empezar con papeles pequeños para después progresar, años y años de trabajo duro, etc. Si usted vislumbra eso, y no le importa pasar por todos esos escollos para llegar a ganar el "Oscar" algún día, ¡felicidades! Su PASIÓN es la actuación: su VOCACIÓN es ser actor, ya que no le importa trabajar duro porque eso lo apasiona. Pero, si por el contrario, usted piensa que el sólo estar trabajando de mesonero mientras le llega un buen papel en una película no es para usted, o que le da flojera estudiar actuación por años para llegar a ser buen actor y sólo por su buen físico o personalidad es suficiente, entonces esto no es lo suyo. Usted sólo se ha dejado encandilar por el resultado y no por la causa.

En consecuencia, la RAZÓN No. 1 de porque muchas personas no escogen bien su MISIÓN, o fracasan en lo que intentan es:

"Imitar la MISIÓN de otras personas como forma de alcanzar la FAMA."

Un ejemplo de esto lo podemos ver en las audiciones de *"American Idol"* (9). De miles y miles de personas que acuden a dichas audiciones, probablemente tengan talento un 5% de los que van, y de esos, a lo mejor sólo un 1% es escogido para la siguiente etapa.

El 95% restante **no demuestra ningún talento en lo absoluto.**

Y sino, que le pregunten a Simon Cowell.

¿Pero, por qué acuden? ¿Por qué van?

Por la FAMA que implica ser el próximo Ídolo Americano.

Muchos de ellos quieren ser como su cantante favorito, imitar su estilo, su voz, su éxito, aun sin tener las condiciones necesarias para ello.

Lo que es peor: muchas de esas personas malgastan AÑOS y AÑOS de su vida porque en su mente ellos creen que tarde o temprano tendrán éxito, a pesar de no tener voz, sentido musical, oído o talento en lo absoluto. Lo hacen con un mínimo esfuerzo porque realmente no es su PASIÓN, no es su VOCACIÓN, tampoco tienen los dones o habilidades para ello y, en consecuencia, no tiene nada que ver con su MISIÓN en este mundo. Al no tener PASIÓN por el canto, nunca podrán progresar en dicha área. Sólo quieren el resultado final, la imagen exterior, la foto: SER UN CANTANTE APLAUDIDO EN UN ESCENARIO, sin saber el trabajo y horas de esfuerzo que está detrás de ello.

Buscar imitar a otros sólo por la FAMA es una peligrosa forma de perder el tiempo en su vida, y de no aprovechar al máximo sus verdaderas CUALIDADES o TALENTOS. Así que mi recomendación es: que no se obsesione con esa idea. Si para usted la FAMA es importante, es posible, mas no es la regla, que al descubrir usted su verdadera VOCACIÓN, y desarrollar su talento, alcance algún tipo de reconocimiento en su área. Todo dependerá del grado de PASION que le ponga, y las horas de dedicación que invierta a su VOCACIÓN.

De igual manera, mucha gente escoge algunas carreras, o trabajos determinados, por la FORTUNA: la obtención de dinero lo más rápido posible. Incursionan en trabajos, o áreas, donde han visto a personas que se han hecho ricas en poco tiempo, a pesar de que dicha área no tiene nada que ver con su MISIÓN.

Es el caso de aquellas personas que estudian algo porque está bien remunerado, o seleccionan trabajos con altas remuneraciones.

Al igual que en el caso de la FAMA, podemos decir que: escoger determinadas carreras o trabajos, basándonos en nuestro deseo de obtener dinero rápidamente, es un camino probable a desengaños y alegrías incompletas.

Se pueden tener recompensas monetarias, mas las verdaderas recompensas: las relacionadas con la satisfacción, la alegría, la pasión por hacer algo que a uno le guste, nunca se tendrán.

Este criterio también es usualmente seleccionado por personas cuya situación económica puede ser muy precaria, y la necesidad de dinero rápido es algo imperioso.

Es comprensible que, debido a la falta de dinero en su hogar, muchas personas se vean inclinadas a estudiar carreras que normalmente uno asocie con buenas remuneraciones o beneficios. El deseo de progresar, y vivir mejor lo antes posible, puede ser muy condicionante. Sin embargo, como dijimos en un capitulo anterior, la mejor forma para obtener toda aquella abundancia que usted siempre ha soñado es a través del cumplimiento de su MISIÓN. Si bien no puede ser el camino más corto a la FORTUNA que usted desea, es el camino más seguro, y más lleno de satisfacciones.

En consecuencia, la RAZÓN No. 2 de porque muchas personas no escogen bien su MISIÓN es:

"Escoger carreras o trabajos bien REMUNERADOS como forma de alcanzar la FORTUNA."

INFLUENCIA DE LA FAMILIA

La tercera razón por la que muchas personas escogen equivocadamente su MISIÓN en este mundo está relacionada con las presiones familiares: el hecho de querer seguir la tradición familiar en determinado campo. Éste, posiblemente, es uno de los criterios más dañinos a la hora de la elección de vocaciones o carreras.

Un padre que es médico, y que su padre a la vez fue médico, desea también que su hijo sea médico, cuando sus habilidades posiblemente sean para otras áreas, y el hijo, para continuar la tradición familiar y complacer a su familia, debe estudiar medicina, a pesar de que esa no es su PASIÓN.

Primero que nada, pienso que esto no tiene nada de malo: que un hijo busque complacer a su familia, a sus padres en particular. Es una manera de darles una alegría y continuar con la tradición familiar, pero:

¿Qué pasa con la felicidad de ese hijo?

¿Es acaso justo que esta persona sacrifique su propia felicidad a costa de una alegría para su familia?

Creo que tanto usted como yo conocemos infinidad de casos de personas que han estudiado una determinada especialidad por complacer a su familia.

Particularmente, recuerdo a una chica muy cercana a mí, quien una vez me confesó que debido a los negocios de su familia, las carreras tanto de ella, como las de sus hermanos, les eran impuestas. En el caso de ella le habían dicho que debía estudiar DERECHO y ADMINISTRACIÓN para cuidar los negocios de su familia, cosa que ella lo hacía con mucha disciplina. Recuerdo, de hecho, que ella era muy buena estudiante.

No obstante, estoy seguro de que esa no era su VOCACIÓN, y mucho menos su MISIÓN en este mundo.

Las veces que conversé con ella siempre me hablaba con alegría y entusiasmo por los niños.

En otra oportunidad, me comentó que a veces visitaba orfanatos y se sentía feliz cuando los niños la recibían, y una vez me dijo que a ella desde joven le había llamado la atención la enseñanza.

Mi conclusión: la VOCACIÓN de esta chica en este mundo, por la PASIÓN con que a veces ella me hablaba de los niños, por su inclinación a la enseñanza y, particularmente, por su manera de ser (la cual llegué a conocer bastante) era ser MAESTRA DE PRIMARIA: enseñar a niños pequeños.

Esa es su PASIÓN, esa es su VOCACIÓN.

Lamentablemente, enfocó sus estudios hacia dos carreras que satisfacían los intereses familiares, mas no sus propios intereses. Sacrificó su felicidad por dar felicidad a su familia.

Una vez más le pregunto: ¿es esto justo?

Probablemente, he aquí donde mucha gente pensará que esto es una apertura a la controversia entre las familias, pero si es un padre el que está leyendo esto sólo puedo más que recomendarle lo siguiente:

Escuche a su hijo. Hable con él. Si la VOCACIÓN que él escogió no es de su agrado, trate de comprenderlo. La especialidad que uno escoja en esta vida es, probablemente, la actividad en que más invertiremos tiempo en este mundo. Pasamos, aproximadamente, una tercera parte de nuestro tiempo de vida trabajando, cumpliendo nuestras labores, ejerciendo nuestro oficio, nuestra VOCACIÓN.

¿Desea usted que su hijo esté la tercera parte del tiempo de su vida siendo infeliz?, ¿sintiéndose incompleto?, ¿sin pasión por lo que hace?

Si usted busca la respuesta con su corazón a esta pregunta, obviamente esta debería ser NO.

Hable con su hijo, compréndalo, acepte la VOCACIÓN que él le presente si eso es lo que le apasiona. Es la diferencia entre un hijo que pondrá toda su energía en aquello que le gusta, y uno que lo hará a duras penas.

Si usted lo convence de que siga la tradición familiar, a pesar de que eso no es lo que le gusta, y usted es de esas personas que presume de los hijos ante los amigos, porque ellos siguen el negocio familiar, le pregunto:

¿Vale la pena presumir a costa de la infelicidad de su propio hijo?

He escuchado innumerables historias de este tipo y son una lastima. Hijos que se gradúan después de 5 años de estudios y, al terminar, le llevan el título a los padres y les dicen: "Ya cumplí contigo. Ahora quiero dedicarme a lo que me gusta".

¿No hubiera sido mejor: haber empezado con lo que le gustaba cinco años antes y así aprovechar de la mejor manera posible el tiempo?, ¿haber aprovechado su juventud?

Cinco años perdidos, en los cuales pudo haberse especializado o trabajado en lo que verdaderamente le apasionaba.

Por otra parte, tampoco quiero alentar a los hijos a que desafíen a sus padres al momento de escoger sus carreras. Pienso que, antes de entrar en una polémica con la familia, la persona debe estar 100% segura de cuál es su VOCACIÓN, y que con dicha VOCACIÓN cumplirá su MISIÓN.

Y debe acercarse a los padres de una manera cordial, si piensa que pudiera haber resistencia a su elección. En este sentido, creo que el diálogo debe predominar de ambas partes.

Si usted es una persona joven, a punto de graduarse de la preparatoria, y después de hacer un análisis, a través de los pasos de este libro, usted siente que ha identificado correctamente cuál es su MISIÓN, cuál es su VOCACIÓN, entonces hable cordialmente con sus padres. Nunca tenga miedo de hablar con ellos.

Puede ser sorprendente cuan comprensivos pueden ser los padres de uno. Ellos lo aman, y si usted les explica, con sólidos argumentos, que la VOCACIÓN que usted ha escogido lo llena, lo hace feliz y es su PASIÓN: ellos lo apoyarán, ya que más allá de que ellos sean felices con su escogencia, ellos quieren que usted sea feliz.

Recuerde: es su felicidad lo que está en juego. Es cómo va a pasar aproximadamente la tercera parte de su tiempo en esta vida. Es la diferencia entre ser feliz trabajando, o sólo trabajar, y ver los días pasar uno por uno como una tortura, esperando a que llegue la hora de salida para escapar de esa prisión que significa su trabajo.

Es la diferencia también entre: invertir cinco años, o más, de su vida en algo que no le gusta, para comenzar de cero después en algo que le gusta, a empezar desde joven a adquirir conocimientos y experiencia en algo que le APASIONA.

Sólo usted podrá determinar si desea comenzar lo antes posible a cumplir su MISIÓN en esta vida.

En conclusión, la RAZÓN No. 3 de porque muchas personas no escogen bien su MISIÓN es:

"Escoger carreras o trabajos acordes con los deseos de la FAMILIA."

PROFESIONES PRESTIGIOSAS

Otra de las razones que hace que las personas escojan equivocadamente su MISIÓN, y que está bastante relacionada con la anterior, es el hecho de que existen carreras que aparentemente tienen más prestigio o reconocimiento que otras.

Es decir, todos los padres sueñan con que su hijo sea un profesional reconocido en determinada área de renombre. Algunas de estas áreas normalmente son: MEDICINA, LEYES, INGENIERÍA, ARQUITECTURA, ADMINISTRACION, FINANZAS.

¿Qué padre no sueña con que su hijo sea un afamado ABOGADO?

¿O un MÉDICO reconocido? Un cirujano del corazón, por ejemplo.

Nuestra sociedad actual, junto con los medios de comunicación, han contribuido a que sólo algunas carreras puedan ser percibidas como de prestigio, de notoriedad, de reconocimiento.

¿Pero, de qué le sirve a una persona estudiar algo que le dé reconocimiento ante los demás, si por dentro esa persona se siente vacía?

¿De qué sirve que el mundo entero, o su familia, le rindan admiración por su profesión, si por dentro uno no es feliz trabajando?

He ahí el dilema, y es lo que tanto usted como su familia deben aprender a reconocer.

Si usted ya reconoció su VOCACIÓN, de acuerdo al análisis expuesto en este libro, y su MISIÓN tal vez no sea aquello que esperaban sus padres, o hacia lo cual lo habían inclinado, y usted presume que ellos pudieran rechazar su elección, lo mejor es que hable con ellos de una manera civilizada.

Como mencionamos en el Capítulo 7: no hay MISIÓN pequeña en este mundo. Si su VOCACIÓN no está relacionada con una de las carreras consideradas como de prestigio en este mundo, recuerde que de todos modos tiene la misma importancia y trascendencia que cualquier otra VOCACIÓN.

Ésta es otra de las principales causas de conflicto que pudiera haber entre padres e hijos al momento de escoger una VOCACIÓN, ya que los padres sueñan con que su hijo sea el

PROFESIONAL más reconocido del mundo, pero éste, a lo mejor, se siente inclinado por un área diferente, no tan llamativa. En consecuencia, surge el posible conflicto, que, como dije antes, puede ser superado con el diálogo.

Si usted es padre, le pido una vez más que considere que es la FELICIDAD de su hijo la que está en juego al momento de hacerle una imposición.

Si usted es hijo, trate de dialogar de la manera más civilizada con sus padres, y hacerles comprender su punto de vista: hágales entender que por más prestigio que usted pudiera tener con la carrera que ellos desean que estudie, existe la posibilidad de que usted no sea feliz con dicha carrera.

Si ellos lo aman, como la gran mayoría de los padres suelen hacer, ellos lo comprenderán.

Y también recuerde: que si ellos quieren que usted estudie algo determinado, es porque se preocupan por usted, porque quieren lo mejor para usted. De alguna manera, hacen algo incorrecto, pero por las razones correctas.

Otras veces, no son los padres los que influyen en la decisión de la VOCACIÓN prestigiosa, también puede ser un grupo de amigos, una persona cercana, o por imitación de otras personas: el mejor amigo, un hermano mayor, etc.

Si ese es su caso, una vez más le digo: **nunca**, pero **nunca** base su decisión de carrera, o VOCACIÓN, sólo en factores de prestigio o reconocimiento de la sociedad. Éste es un criterio que a la larga puede ser engañoso.

Aplique el análisis que hemos expuesto en este libro, y si dentro de usted, aquello que lo APASIONA corresponde también con una CARRERA de prestigio, pues bienvenida sea: esa es su VOCACIÓN.

Sin embargo, y para alivio de muchos padres que posiblemente lean esto, creo que, dentro del Plan Mayor de Dios, todos estos factores son considerados.

Difícilmente, creo que la MISIÓN de una persona en este mundo pueda ir en contradicción directa con las creencias o valores de la familia en la que nace dicha persona. Creo que es algo que está considerado. Los hijos, salvo alguna que otra excepción, serán orgullo de sus padres, sea cual sea el área de trabajo que escojan, y si eso los apasiona y, en consecuencia, son los mejores de su área, más razones de orgullo les darán.

¿Acaso no es el sueño de todo Padre que su hijo sea el mejor en su área sin importar cuál sea?

Tan sólo que sea el mejor.

Ya sea: el mejor artista de la pintura, el mejor diseñador de ropa, el mejor pitcher de las grandes ligas o el mejor compositor musical.

¿Entonces?

Ayude a su hijo a identificar cuál es su PASION, cuál es su VOCACIÓN, y ya habrá ayudado a su hijo a empezar a cumplir su MISIÓN en este mundo. Así será su orgullo por mucho tiempo.

En conclusión, la RAZÓN No. 4 de porque muchas personas no escogen bien su MISIÓN es:

"Escoger carreras o trabajos PRESTIGIOSOS."

PROFESIONES GLAMOROSAS

También existen otras disciplinas que pueden sonar como muy **glamorosas** o **atrayentes**. Esta atracción por estas falsas vocaciones se da sobre todo en los niños, que desde pequeños dicen que quieren ser: BOMBEROS, POLICÍAS, ASTRONAUTAS, PILOTOS DE AVION, DEPORTISTAS PROFESIONALES, etc.

Si bien es cierto que muchas de esas vocaciones tempranas desaparecen al llegar la adolescencia, éstas pueden distraerlos de lo que pudiera ser una temprana identificación de la VOCACIÓN del niño, y poder estimularla desde temprano.

En el caso de los niños, la clave es la PASIÓN. Si demuestran una PASION temprana, un interés permanente, unos dotes particulares para aquella VOCACIÓN que les llama la atención, no tiene nada de malo alimentar su MISIÓN desde temprano. Esto les ayudará a estar mejor enfocados al momento de hacer su selección de carrera cuando sean mayores. Sin embargo, siempre se debe hacer un análisis concienzudo, de acuerdo a los pasos de este libro, que permitan corroborar su inclinación de la infancia.

En conclusión, la RAZÓN No. 5 de porque muchas personas no escogen bien su MISIÓN es:

"Escoger carreras o trabajos GLAMOROSOS."

AFICIONES O HOBBIES

Otra razón que puede influir en una mala escogencia de la MISIÓN es confundir las aficiones o los *hobbies* con la VOCACIÓN de uno. Generalmente uno dirige su PASIÓN a más de una cosa: un *hobbie*, una afición, un deporte, un juego, etc. Particularmente, si uno es bueno en alguno de ellos, puede erróneamente concluir que porque es su PASIÓN, es su VOCACIÓN. Por dar un ejemplo: alguna persona que lea esto puede ser un apasionado aficionado a los Video Juegos, pero no por eso significa que deba dedicarse a la creación de juegos. Si tiene los DONES para ello: muy bien, pero si es una sola PASION por jugarlos, esto no es suficiente. No es lo mismo jugar un Video Juego que crearlo, de hecho, es un proceso bastante largo y meticuloso en el cual se necesitan horas y horas de trabajo en programación.

De igual manera, usted puede ser un apasionado del Fútbol Americano: va a los juegos, apoya a su equipo, disfruta cada jugada, pero no por eso significa que deba trabajar en dicha área: ser jugador o entrenador. De nuevo: si tiene los DONES para ello, muy bien, pero sino, le recomiendo que permanezca frente al televisor disfrutando de las jugadas de su equipo favorito, y siendo un manager de sofá, como hacen millones en los Estados Unidos.

Es así como podemos afirmar que la RAZÓN No. 6 de porque muchas personas no escogen bien su MISIÓN es:

"Confundir nuestra PASIÓN por un *hobbie* o afición con una VOCACIÓN."

UN DON LLAMATIVO

Otro de los falsos criterios que a veces se utilizan para determinar la VOCACIÓN de una persona y, en consecuencia, su MISIÓN en este mundo, está relacionado con la posesión de algún DON llamativo o particular, ya sea físico o mental.

Esto tiene que ver también con las presiones sociales o del mundo. Si una chica es bella debe ser modelo, si un chico es bueno con los números debe estudiar algo relacionado con las ciencias, si una persona es cómica debe ser comediante.

Este don en particular puede ser indicativo de una posible VOCACIÓN en conjunto con otros dones de la persona, pero, como hemos visto a lo largo de este libro, SI NO HAY PASIÓN hacia esa carrera ésta no es su VOCACIÓN.

La PASION es una condición necesaria junto con los DONES.

Por ejemplo: si un joven a los 18 años mide 2,10 metros todo el mundo en su preparatoria dice que debe ser jugador de basketball, ese debería ser su deporte, su VOCACIÓN, su carrera, y debe ingresar al equipo de Basketball del colegio porque "tiene condiciones para ello", basándose sólo en la altura.

Como ya hemos dicho antes, los dones que Dios le ha dado son perfectos en su conjunto para su MISIÓN, pero se pudiera dar el caso que usted pudiera tener dones adicionales que no necesariamente determinan su VOCACIÓN.

Siguiendo con el ejemplo, pudiéramos suponer que, a lo mejor, el joven de 18 años se siente inclinado por las CIENCIAS, tiene dones para ello, y desea crecer y desarrollar sus habilidades al servicio de la investigación científica, esa es su verdadera PASIÓN. Pero, por la mala suerte de haber nacido alto, sus amigos, su familia y probablemente su entrenador del colegio, lo dirijan erróneamente a ser jugador de basketball profesional.

No tiene nada de malo explotar un don o un talento paralelamente al cumplimiento de nuestra MISIÓN, lo que está mal es convertirlo en nuestra VOCACIÓN por presiones externas cuando en realidad nuestra VOCACIÓN es otra.

Una manera inteligente de utilizar el don extra, por el muchacho del ejemplo que acabamos de mencionar, es explotar su cualidad de alto y, con sus posibles dotes para el basketball, conseguir una beca deportiva para estudiar CIENCIAS en una buena Universidad. Luego, puede buscar ser el jugador estrella del equipo hasta que logre graduarse y dedicarse después a lo que lo llena de verdad: la investigación científica. Ésta sería una manera salomónica de aprovechar este don extra que Dios le dio y, a la larga, utilizarlo para la consecución de su verdadera MISIÓN en este mundo: la investigación científica que le apasiona. De paso, colaboraría con los logros deportivos de la institución donde estudia, contribuyendo de esa manera a la felicidad de sus compañeros de estudio, y así: HACIENDO EL MAYOR BIEN POSIBLE a los demás.

En conclusión, la RAZÓN No. 7 de porque muchas personas no escogen bien su MISIÓN es:

"Determinar nuestra VOCACIÓN basada en sólo un DON LLAMATIVO."

En conclusión: existen muchas posibles razones que puedan desviarlo de su verdadera MISIÓN en este mundo. Las principales son: deseos de Fama y Fortuna, las presiones sociales, la influencia familiar y los valores o prejuicios de este mundo.

Sin importar qué sea lo que demande este mundo en relación a lo que usted debe o no debe seleccionar como VOCACIÓN, recuerde:

La **única** y **verdadera** respuesta está en su interior, no en el exterior.

Sólo usted conoce qué es lo que lo APASIONA.

Sólo usted conoce cuáles son sus DONES y para qué es usted bueno: en qué área es mejor que nadie.

No importa que no sea la CARRERA más prestigiosa o glamorosa del mundo, no importa que no sea la CARRERA que todo el mundo ha soñado para usted, no importa que no sea la CARRERA que todos sus amigos o compañeros siguieron.

Es aquella que a usted le gusta y eso es lo que importa.

Porque es la carrera que le dará felicidad en su vida...

...y su felicidad es lo más importante en dicha elección.

15

Obstáculos para cumplir su Misión

Además de los factores que pueden influir en que usted escoja erróneamente su VOCACIÓN y, por ende, el camino de su MISIÓN, existe también la posibilidad de que, a pesar de que usted seleccione correctamente su VOCACIÓN, se encuentre con obstáculos que impidan que usted cumpla satisfactoriamente con su MISIÓN.

Como dijimos en el Capítulo 10, pueden existir muchas distracciones, factores u obstáculos, que pueden influir para que usted no le dedique el tiempo suficiente al cumplimiento de su propósito en este mundo.

Trataremos de enunciar los obstáculos más conocidos y peligrosos, de manera de que usted pueda estar consciente de sus riesgos.

VICIOS

Ésta es posiblemente la causa No. 1 de porque muchas carreras, MISIÓNES o vocaciones se desvían de su camino verdadero: los vicios en todas sus formas. Estos incluyen: adicción al alcohol, adicción a las drogas, adicción al juego, adicción a determinados placeres, etc.

Sobran los ejemplos, pero específicamente es en el *show business* en donde podemos ver mejor cómo las estrellas de cine, o de la música, se dejan arrastrar por los placeres propios de la fama: fiestas interminables, alcohol, drogas, excesos, etc.

Es a partir de ese momento cuando muchos caen en una espiral descendente que hace que pierdan el rumbo de su vida, de su trabajo, de sus carreras, de su MISIÓN en este mundo.

Es triste ver cómo talentos promisorios, talentos que una vez deslumbraron con sus actuaciones en la gran pantalla, o en el canto, súbitamente desaparecen del dominio público. Desaparecen del negocio del espectáculo, y aquellas carreras, aquellas MISIONES que uno veía como ascendentes, como prometedoras en sus inicios, quedan truncadas para siempre, y todo por culpa de unos vicios de los cuales no supieron escapar: drogas y alcohol, principalmente.

Como dijimos antes, no basta con saber para qué uno es bueno, no basta con saber cuál es nuestra PASIÓN, y nuestros talentos para hacer el MAYOR BIEN POSIBLE A LOS DEMAS: todo eso es inútil si no los ponemos en práctica, si no le dedicamos la mayor cantidad de tiempo posible, si no practicamos y avanzamos en el camino de nuestra MISIÓN.

Si una persona le dedica dos horas al día a su VOCACIÓN, y el resto del día se dedica a descansar o a celebrar fiestas con sus amigos, desgraciadamente serán muy pocos los resultados que podrá lograr en relación a su MISIÓN.

Con esto, tampoco quiero decir que uno no debe divertirse y relajarse sanamente. Creo que todos tenemos derecho a disfrutar de los pequeños placeres de este mundo en nuestros ratos de esparcimiento. Tampoco estoy en contra de tomarse unos tragos con los amigos, un fin de semana, o darse un placer determinado después de una larga jornada de trabajo. El mismo Dios creó al mundo en seis días y al séptimo día descansó.

El problema es cuando esos tragos, o ese pequeño placer, se convierten en algo consuetudinario, permanente, diario. Es muy poco lo que usted puede producir, o crear, si de 7 días a la semana invierte 5 días en salidas nocturnas fiesteando con los amigos, o 5 días viendo cómo hacer las mejores apuestas del mundo. Obviamente, su concentración para trabajar se verá afectada, y su productividad se irá a pique.

De usted dependerá crear un balance sano en su vida, dedicándole una parte sustancial de su tiempo a su MISIÓN, y una parte moderada a esos placeres de la vida a los cuales todos tenemos derecho y, especialmente, a no dejarse absorber por ellos.

Su familia, amigos, y aquellas personas que se vean beneficiadas del cumplimiento de su MISIÓN se lo agradecerán.

En conclusión, el obstáculo No.1 de porque muchas personas no cumplen bien su MISIÓN es:

"Vicios que pueden distraernos o impedirnos mental o físicamente el ejercer nuestra VOCACIÓN."

CAUSAS DE FUERZA MAYOR

También pueden existir causas de fuerza mayor que nos obliguen a desviarnos del camino de nuestra MISIÓN.

Esto incluye, por ejemplo, una necesidad imperiosa de dinero y, en consecuencia, la obligación de buscar un empleo: cualquier empleo, uno que nos garantice los ingresos para sobrevivir o ayudar a nuestra familia.

Creo que, a lo largo de sus vidas, la gran mayoría de las personas de este mundo invertirán una gran cantidad de tiempo en empleos no relacionados con su MISIÓN, pero que es necesario tomarlos por necesidad. Especialmente, en aquellos casos de personas que no reconocieron su verdadera VOCACIÓN desde temprano. Demás está decir, que mientras más pronto reconozca usted su MISIÓN en este mundo menos posibilidades tendrá de que esto suceda.

Si ese es su caso, mi recomendación es que mantenga su ocupación actual hasta que pueda conseguir un empleo más relacionado con su VOCACIÓN y, en consecuencia, con su MISIÓN. Mantenga su mente enfocada en sus intereses, revise siempre los periódicos, todas aquellas áreas relacionadas con trabajos afines a su verdadera VOCACIÓN y, mientras más PASION e interés le ponga, verá cómo en cualquier momento surgirá una oportunidad para usted.

De igual manera, trate siempre en sus tiempos libres de practicar, estudiar y progresar en los conocimientos de su VOCACIÓN. Esto lo ayudará a crecer más y más, y perfeccionar sus dones, de manera de que cuando aparezca la oportunidad, o usted se sienta listo para incursionar en su verdadera VOCACIÓN, lo haga de la mejor forma posible.

Dentro de estas causas de fuerza mayor también podemos incluir otros obstáculos, como el pertenecer a una familia disfuncional. A veces los problemas familiares pueden crear una poderosa carga de preocupación que nos impide orientarnos mejor hacia nuestros verdaderos objetivos. También, el estar inmerso en un ambiente socio económico, o cultural, no favorable en su lugar de origen (lo cual no le garantice condiciones favorables para su VOCACIÓN) puede hacer que lo desanime a estudiar y seguir con su carrera.

Sea cual sea la causa, mi recomendación es que no se deje abatir por ello, persevere, no se rinda. Si la VOCACIÓN que usted descubrió es su PASIÓN: luche por ella, siga adelante. Dios está de su lado y le dará todo su apoyo y fuerza para que usted siga adelante. Nuevas oportunidades se le abrirán: nuevos caminos, nuevas ofertas de trabajo u oportunidades de estudio en su área, personas que creerán en usted y le darán su apoyo. Recuerde la frase: "Si Dios está conmigo, ¿quién puede estar contra mí?"

En este punto, creo que la película "Billy Elliot" [10] es un claro ejemplo de cómo uno debe perseverar a pesar de los obstáculos y prejuicios familiares. Si usted no ha tenido oportunidad de ver esta película, le recomiendo que lo haga, pues es un perfecto ejemplo de cómo una persona puede lograr encaminarse a cumplir su MISIÓN, a pesar de los obstáculos que haya en su vida.

En relación a la película, sólo le puedo adelantar que relata la historia de un niño de 11 años, llamado Billy Elliot y nacido en el seno de una familia de clase baja en el Reino Unido, que descubre que su PASIÓN, su VOCACIÓN, es el Ballet Clásico.

Como usted se podrá imaginar, la reacción de su padre, un obrero de una mina de carbón, no será la más receptiva posible, e intentará por todos los medios de disuadir a su hijo de que continúe con su sueño de ser bailarín.

Sin embargo, el desarrollo de la película nos mostrará cómo, aun en las condiciones más difíciles de entorno, una persona que persevere en su VOCACIÓN puede lograr sus objetivos, y cumplir con su MISIÓN en este mundo.

Billy, al final no sólo logrará hacer sus sueños realidad, sino que también logrará que su padre venza sus prejuicios y lo apoye en su naciente carrera.

En conclusión, el obstáculo No.2 de porque muchas personas no cumplen bien su MISIÓN es:

"Causas de FUERZA MAYOR que puedan buscar disuadirnos, o impedirnos, el ejercer nuestra VOCACIÓN."

MIEDO

Finalmente, debemos decir que el miedo es probablemente una de las más fuertes razones que a veces puede bloquearnos, o desviarnos, del cumplimiento de nuestra MISIÓN en este mundo.

A veces sabemos cuál es nuestra VOCACIÓN, sabemos que es aquello que nos llena, aquello que nos apasiona, aquello para lo cual tenemos dones, pero nos da MIEDO llevarlo a cabo.

Este miedo puede venir dado ya sea por inseguridad, por miedo al fracaso, prejuicios sociales o prejuicios de familia, principalmente influido por las causas de fuerza mayor anteriormente mencionadas.

Incluso, en aquellas oportunidades en que se nos abra una nueva oportunidad para crecer: una oferta de trabajo en una ciudad o país diferente, o un trabajo que implique una mayor responsabilidad de nuestra parte, el MIEDO hará su aparición, y no permitirá que podamos reconocer esos cambios en la dirección del viento que nos quiere llevar a mejores y más enriquecedoras misiones.

El ser humano manifiesta muchas veces un MIEDO natural a lo desconocido, es algo hasta cierto punto normal, comprensible. Pero lo que no puede ser comprensible es que dicho MIEDO gobierne nuestras decisiones, y no nos permita crecer como personas, negándonos así a nuevas oportunidades para aumentar nuestra capacidad de HACER EL BIEN A LOS DEMÁS.

Una vez más le digo, y no me cansaré de repetirlo, usted tiene DONES o HABILIDADES que lo hacen perfecto para su MISIÓN en este mundo. Usted ha sido diseñado especialmente para cumplir su VOCACIÓN, su MISIÓN. El riesgo es mínimo: no hay razón por qué temer.

El miedo es, posiblemente, una de las emociones más destructivas que existen y de las que más nos bloquea. Nos bloquea la capacidad de valorar nuestros propios talentos, nuestro valor, nuestras habilidades.

Distorsiona nuestra propia percepción de nosotros y nuestro verdadero valor. Nos bloquea incluso de poder percibir la realidad cómo debería ser.

Y esa realidad es que usted ha sido enviado a este mundo para cumplir una MISIÓN, una MISIÓN perfectamente acorde con sus DONES y HABILIDADES, y que una vez que usted la cumpla lo hará de la mejor manera posible y mejor que nadie.

No hay espacio para el miedo en eso.

Podemos decir entonces, que la RAZÓN No. 3 de porque muchas personas no cumplen bien su MISIÓN en este mundo es:

"El MIEDO, en sus diferentes formas, nos frena a la hora de cumplir nuestra MISIÓN."

En conclusión: existen muchos posibles obstáculos que pudieran interponerse en el cumplimiento de su MISIÓN en este mundo, y así provocar que usted no le dedique el tiempo suficiente para poder lograr resultados satisfactorios. Los principales son: los vicios, las causas de fuerza mayor y el miedo.

Sin importar cuál sea la causa, usted no debe permitir que éstas lo afecten, y disminuyan su capacidad de HACER EL MAYOR BIEN POSIBLE A LOS DEMÁS.

De usted dependerá no dejarse distraer por estos obstáculos, y tener la suficiente disciplina, constancia y dedicación para lograr todos los buenos resultados que usted desee lograr, y así, llegar a todo lo alto que usted pudiera aspirar.

16

Otros métodos para descubrir su Misión

Si después de leer este libro, todavía usted no está seguro de cuál debería ser exactamente su MISIÓN, no se desanime. Aquí le incluimos una lista de otros métodos que puede utilizar para descubrir en qué área VOCACIONAL debe usted orientarse. Estos métodos son particularmente útiles para jóvenes que no tengan claro todavía sus habilidades o qué les apasiona:

1) Lea libros sobre el área que le pudiera interesar. Usted puede ir a una biblioteca y pedir libros sobre aquella área vocacional que usted pueda intuir que sea de su agrado. Si, al leerlos, usted siente un interés natural hacia los temas que ahí se tocan, pudiera ser un indicativo de que dicha área de conocimiento es la que comprende su VOCACIÓN. Existen más carreras y especialidades de lo que usted se imagina.

Probablemente su VOCACIÓN esté relacionada con un área de estudio poco conocida, y sólo con algo de investigación podrá descubrirla.

2) Lea anuncios de periódico ofreciendo trabajos. Éste puede ser un método muy eficaz. Puede ojear las páginas de su periódico local, y leer con detenimiento los avisos de ofertas de empleos. Habrá algunos que no le llamarán la atención en lo absoluto, mas siempre habrá algunos en los cuales se interesará. Usted sentirá como una especie de atracción hacia esos avisos, una motivación, una identificación, y en su interior dirá: **yo quisiera hacer esto**. Puede detallar las cualidades que se solicitan en la persona ideal buscada para el puesto, y observará que, si ese aviso le atrae, su CONJUNTO DE HABILIDADES coincidirá en gran proporción con las cualidades solicitadas en el aviso. Este método es bastante fiable a la hora de confirmar su intuición sobre cuál es su VOCACIÓN o su MISIÓN.

3) Hable con personas que trabajan en su área deseada. Otro método que lo puede ayudar a confirmar su VOCACIÓN es visitar a alguna persona que ya ejerza la carrera en la cual usted está interesado: conocer su espacio de trabajo, sus herramientas de trabajo, su ambiente, su dinámica, etc. Si esa área es su PASION, se sentirá como pez en el agua, se entusiasmará con la dinámica del trabajo, las tareas, la interacción con sus posibles compañeros de trabajo, etc. Hágale una entrevista a dicha persona y conozca bien todos los detalles sobre el trabajo.

Por último, le recuerdo una vez más que la respuesta está sólo y únicamente dentro de usted. Sólo usted sabe mejor cuáles son sus habilidades, sólo usted sabe mejor qué es lo que lo apasiona, sólo usted sabe mejor cómo puede ser feliz trabajando. No se deje influenciar por las decisiones de otros, los prejuicios o los comentarios.

Esto puede ser un proceso que pueda tomar días, semanas, o incluso meses. No importa cuánto tiempo invierta usted en este proceso, siempre y cuando le lleve a conclusiones valederas. Su VOCACIÓN será aquella parte de su vida que probablemente lo acompañará más a lo largo de su existencia, por lo que no se deben tomar decisiones a la ligera.

Y sólo con la correcta identificación de su VOCACIÓN podrá cumplir mejor su MISIÓN.

17

Reflexiones Finales

Quisiera finalizar este libro con algunas reflexiones personales. Probablemente usted se habrá preguntado en algún momento de la lectura, y si no ahora, cómo es que una persona como yo, que ha descrito a lo largo de este libro que su MISIÓN está relacionada con el *Marketing*, esté escribiendo un libro sobre "¿Cuál es tu Misión en esta vida?".

Bueno, una de las cosas que más me sorprendió cuando me llegó la revelación que me dio la definición final de la MISIÓN, era lo inmenso que yo sentía que había sido este conocimiento para mí. Más aún, porque me parecía que esta DEFINICIÓN nunca había sido colocada, descrita o insinuada, en la gran cantidad de libros de autoayuda o guía espiritual que existen en el mundo, al menos no de los conocidos. Y si hubiera sido revelada de esta manera tan sencilla, como yo la asimilé, hubiera sido difundida ampliamente para que cada persona la analizara y la aplicara en su propia vida.

Debo agregar que uno de los sentimientos que tuve cuando me llegó esta revelación fue una sensación de certeza, de que no era algo maquinado, o imaginado, o algo consecuencia de profundos razonamientos o análisis filosóficos. De hecho, yo no esperaba como respuesta una definición, sino una respuesta específica. Esta certeza, se veía reforzada más aún, porque me producía una sensación de claridad, de dirección, de definición sobre los objetivos de mi vida.

Desde el mismo momento que la comprendí, supe que no venía de mí, que no era algo inventado o construido sobre grandes reflexiones. Sólo un gran deseo por conocerlo, una gran fe ante Dios, e innumerables horas de oración durante casi un año la había inspirado.

Recuerdo que, apenas se me hizo la revelación final: el 07 de enero del año 2007, ese mismo día una avalancha de pensamientos vino a mi mente referente a todos los aspectos de la MISIÓN. Los cuales, la gran mayoría, constituyen los diferentes capítulos de este libro. Comencé a escribir todo en un diario personal que mantengo para no perder ni una sola palabra, ya que todo me parecía muy valioso.

En ese momento, tenía la opción de guardar este conocimiento para mí, ya que había sido una revelación ante un momento de oración muy personal, o compartirlo con el mundo entero, compartir mi historia con todos.

Aproximadamente tres semanas después de estas revelaciones, acudí a una misa para dar gracias por lo que tan grande revelación significaba para mí. Era un día Jueves 25 de Enero en la tarde, y acudí más que todo para celebrar mi alegría por sentirme encaminado por primera vez en mi vida y alabar a Dios.

Me había sentado, como siempre, a escuchar las lecturas del día, y para mi sorpresa, el sermón, y la predicación de esa tarde, hablaba sobre el hecho de que muchos jóvenes en este mundo no tenían orientación sobre sus adecuadas vocaciones de estudio. El sermón se centraba alrededor del hecho de que las vocaciones de carrera a veces no estaban en alineación con el Plan de Dios para nosotros en este mundo.

Yo no podía creer lo que escuchaba. Hablaban sobre la MISIÓN de todos los seres humanos en este mundo, y de cómo muchas personas no tienen guía o indicación de cómo escoger su VOCACIÓN de carrera.

En aquel momento, todo aquello me parecía increíble, iba más allá de ser una coincidencia, y lo interpreté cómo una ratificación de la fuente de todo este conocimiento que de alguna manera se me había revelado.

A partir de ese momento, decidí considerar seriamente la realización de este libro, y empecé a preguntarme si realmente mi MISIÓN había evolucionado a este momento en particular. Si, de alguna manera, debía aprovechar mi facilidad para poder escribir y transmitir ideas (una afición que siempre había tenido desde joven), aprovechar toda la pasión que me producía este tema (por ser una experiencia tan personal y tan satisfactoria por la manera en que se me había sido revelada), y contribuir con mi historia a ayudar a que muchos jóvenes, y los no tan jóvenes, pudieran encaminar mejor su vida y llevar una vida más plena.

En pocas palabras: contribuir con mi historia a HACER EL MAYOR BIEN POSIBLE A LOS DEMÁS.

¿Había mi MISIÓN evolucionado para convertirme en un transmisor de ideas aunque fuera durante un instante de mi existencia?

¿Había querido el viento llevarme a escribir este libro en este momento para contribuir a que usted pudiera encontrar su MISIÓN en este mundo?

¿Es mi MISIÓN en este momento ayudar a otros a que descubran su MISIÓN?

Es en este punto donde ya no puedo contestar, y sólo puedo decir que:

Sólo usted tiene la respuesta.

Y la respuesta sólo se conocerá si este libro causa un efecto inmediato, positivo y duradero en usted.

Si, después de haber leído e internalizado este libro, usted aprende a descubrir para qué es bueno en este mundo, qué es aquello que lo apasiona, y si con eso, hace el mayor bien posible en este mundo ó, si usted no cree en esta definición y, el efecto de este libro es lograr que al menos usted se encierre un momento en su cuarto a orar, y preguntarle a Dios cómo puede servirle mejor en este mundo, preguntarle si existe una MISIÓN para usted, o si hay una definición de MISIÓN particular para usted.

Sea cual sea el resultado posterior que cause este libro en usted, si llegará a causar alguno de los efectos antes mencionados, entonces sí podré sentir que este libro y yo hemos cumplido nuestra MISIÓN.

Y en la medida de que usted y muchas personas logren resultados positivos, y una mejor comprensión de sí mismos, sus dones y su capacidad de hacer el bien a los demás, podré estar seguro de que mi MISIÓN, aunque sea por un momento de mi existencia, aunque haya sido sólo por el tiempo que les tomó leer este libro y reflexionar en él, fue ayudarlos a descubrir su MISIÓN en este mundo.

Entonces así sí estaré satisfecho, y habré tenido certeza de que ésta ha sido mi MISIÓN durante un tiempo en este mundo.

Pero, como dije antes, la respuesta final sólo dependerá de usted.

Y es mi sincero deseo que sea la mejor respuesta posible.

Quisiera finalmente darle las gracias por dedicar su valioso tiempo en leer este libro, y recuerde:

Usted vino a este mundo con un propósito elevado, sólo depende de usted descubrirlo y ser feliz al cumplirlo.

Y si lo descubre me habrá ayudado a cumplir mi MISIÓN.

Referencias

(1) "*Groundhog Day*" (1993), Columbia Pictures Corporation, Escritor: Danny Rubin, Director: Harold Ramis. Protagonistas: Bill Murray, Andie MacDowell, Chris Elliot.

(2) "El Devocionario de Su Angel de la Guarda" (1997), Simon and Schuster Libros en Español, Autores: Barbara Mark y Trudy Griswold.

(3) "*Blow Out*" (2004), Magna Global Entertainment, Director: Kevin Dill, Protagonista: Jonathan Antin.

(4) "Forrest Gump" (1994), Paramount Pictures, Director: Robert Zemeckis, Escritores: Winston Groom y Eric Roth, Protagonistas: Tom Hanks, Robin Wright, Sally Field, Gary Sinise.

(5) "El Retorno del Rey" (2003), New Line Cinema, Director: Peter Jackson, Escritores: J.R.R. Tolkien, Fran Walsh, Philippa

Boyens y Peter Jackson. Protagonistas: Elijah Wood, Sean Astin, Viggo Mortensen, Liv Tyler, Orlando Bloom, Ian McKellen.

(6) Theodore Levitt, (1960) "*Marketing Myopia*" en Harvard Business Review, Edición de Julio-Agosto.

(7) Jack Fleitman, (2000) "Negocios Exitosos", McGraw Hill.

(8) O.C. Ferrel y Geoffrey Hirt, (2004) "Introducción a los Negocios en un Mundo Cambiante", McGraw Hill.

(9) "*American Idol*", (2002), Freemantle Media North America, Directores: Nigel Lythgoe y Ken Warwick. Anfitriones: Ryan Seacrest, Simon Cowell, Paula Abdul, Randy Jackson.

(10) "Billy Elliot" (2000), Arts Council of England, Escritor: Lee Hall, Director: Stephen Daldry, Protagonistas: Jamie Bell, Gary Lewis, Jamie Draven.

Otras fuentes consultadas:

-Sagrada Biblia. Edición especial letra grande. (1970). Editorial Regina s/a. Versión de Pedro Franquesa y José M.ª Solé.

-Promonegocios.net - El Portal de Mercadotecnia, URL: http://www.promonegocios.net/.

-Wikipedia – La enciclopedia libre, URL: http://es.wikipedia.org/.

Sus historias personales descubriendo su MISIÓN, o sus comentarios, son importantes para el autor. Siéntase libre de contactarlo a:

life.missions@yahoo.com

www.ingramcontent.com/pod-product-compliance
Lightning Source LLC
Chambersburg PA
CBHW021228090426
42740CB00006B/437
9780615179186